高等院校学前教育专业系列教材

幼儿手工制作
（第2版）

姚 欣 罗 莲 主 编

李 叶 胡国良 副主编

清华大学出版社

北 京

内 容 简 介

本书根据幼儿手工制作教学发展的新特点,结合师资能力培养要求,具体介绍纸工、泥工、布艺、绳艺、环保材料制作、幼儿园自制玩教具及制作方法等幼儿手工制作基础知识,并通过"实践课堂"激发兴趣,强化在玩中学训练,提高幼儿应用技能与能力。

本书具有知识性、趣味性、启发性、可操作性,注重幼儿手工制作教学规律,既可以作为高等院校和职业院校学前教育专业幼儿手工课程的教材,也可用于幼儿园手工教师的在职岗位培训,并为广大家长辅导幼儿学习手工提供指导。

图书在版编目(CIP)数据

幼儿手工制作/姚欣,罗莲主编. —2版. —北京:清华大学出版社,2021.3(2024.8重印)

高等院校学前教育专业系列教材

ISBN 978-7-302-56996-1

Ⅰ. ①幼… Ⅱ. ①姚… ②罗… Ⅲ. ①学前教育-手工课-高等学校-教材 Ⅳ. ①G613.6

中国版本图书馆 CIP 数据核字(2020)第 231962 号

责任编辑:王剑乔
封面设计:傅瑞学
责任校对:李 梅
责任印制:丛怀宇

出版发行:清华大学出版社
　　　　　网　　　址:https://www.tup.com.cn,https://www.wqxuetang.com
　　　　　地　　　址:北京清华大学学研大厦 A 座　　　　邮　　编:100084
　　　　　社 总 机:010-83470000　　　　　　　　　　　邮　　购:010-62786544
　　　　　投稿与读者服务:010-62776969,c-service@tup.tsinghua.edu.cn
　　　　　质量反馈:010-62772015,zhiliang@tup.tsinghua.edu.cn
　　　　　课件下载:https://www.tup.com.cn,010-83470410
印 装 者:天津鑫丰华印务有限公司
经　　销:全国新华书店
开　　本:185mm×260mm　　　印　　张:10.5　　　字　　数:225千字
版　　次:2016年1月第1版　2021年5月第2版　　　印　　次:2024年8月第4次印刷
定　　价:59.00元

产品编号:087479-01

高等院校学前教育专业系列教材

编 审 委 员 会

序 言

学前教育是终身学习的开端,是国民教育体系的重要组成部分。办好学前教育关系到亿万儿童的健康成长,关系到千家万户的切身利益,关系到社会和谐,也关系到国家和民族的未来。因此,学前教育得到国家各级政府、社会培训机构和广大家长的高度重视。

学前教育涉及幼儿生理、心理、智力、语言、行为、美术、音乐等各个方面,是综合性非常强的跨专业学科,对于幼儿园教师和社会各类幼儿培训机构从业者,是必须掌握的关键知识技能和应该具备的工作能力。随着国家全民素质教育工程的启动和实施,随着我国幼儿教育事业的迅猛发展,社会各方面对幼儿学前教育教师的要求也越来越高。

为了加强对学前教育工作和学前教师的管理,我国政府自 1990—2012 年,相继制定实施了《幼儿园管理条例》《幼儿园教育指导纲要》《幼儿园教师专业标准》《幼儿园工作规程》等管理规定,教育部也出台了《3—6 岁儿童学习与发展指南》,以规范学前教育行为、强化学前教育教师培养、提高学前教育质量。

2018 年国务院发布《国务院关于学前教育深化改革规范发展的若干意见》(以下简称《意见》),《意见》中就公众关心的"入园难、入园贵"问题,明确了"2020 年的发展目标和 2035 年中长期目标"。提出"到 2020 年,学前三年毛入园率要达到 85%""到 2035 年,全面普及学前三年教育"的目标。这就意味着未来 10～15 年将是我国幼儿园数量增长的加速期。

幼儿园的极速增加将再次扩大学前教育人才缺口,为加强学前教育师资队伍建设,《意见》同时提出,"到 2020 年,基本形成以本、专科为主体的幼儿园教师培养体系,本、专科学前教育专业毕业生规模达到 20 万人以上;建立幼儿园教师专业成长机制,健全培训课程标准,分层分类培训 150 万名幼儿园园长、教师""完善教师培养体系,办好一批幼儿师范专科学校和若干所幼儿师范学院,支持师范院校设立并办好学前教育专业。"这对各类本科、高职高专院校的学前教育专业来说是一个加速发展的新契机,但同时《意见》也对学前教育专业的教育教学质量提出了更高、更新的要求。

为此,我们组织首都师范大学、北京教育学院、唐山师范学院、北京朝阳社区学院、郑州幼儿师范高等专科学校、北京石景山社区学院、哈尔滨师范大学、北京联合大学、河北科技大学、北京宣武社区学院、北京东城职业学院、北京城市学院、北京西城经济科学大学等 10 多所高等院校,多年从事学前教育教学的专家教授和幼儿园专职教师共同精心编撰了本系列教材,旨在严格规范幼儿学前教育与教学,更好地为我国学前教育事业服务。

　　本系列教材根据《中华人民共和国教育法》规定的国家教育方针，全面贯彻党的学前教育要求，以高等院校大学本科、高职高专等各类职业教育院校学历教育为主，兼顾幼儿园、社会幼儿教育机构在职岗位培训，并为参加学前教育专业资格取证考试人员提供参考辅导。本系列教材包括《幼儿学前教育》《幼儿心理与行为》《舞蹈》《幼儿舞蹈欣赏与创编》《幼儿英语》《幼儿歌曲编配与弹唱》《幼儿美术基础》《幼儿手工制作》等。

　　本系列教材融入了学前教育最新的实践教学理念，坚持科学发展观，力求严谨，注重与时俱进；在吸收国内外幼儿教育权威专家学者最新科研成果的基础上，依照幼儿学前教育所涉及的领域和施教规律，全面贯彻国家新近颁布实施的《国务院关于学前教育深化改革规范发展的若干意见》等幼儿教育法规及管理规定；注重结合幼儿教学遇到的各种问题，突出培养学生的创新精神和实践应用能力，并注重教学内容和教材结构的创新。

　　本系列教材的出版对幼儿学前教育开展优质优教，帮助学前教育专业学生加强素质培养、提高教学能力具有特殊意义。

牟惟仲

2021 年 2 月

第二版前言

手工制作属于我国传统艺术,覆盖全民大众。幼儿手工制作教学既可以促进幼儿全面思维发展,激发幼儿对美的爱好与追求,也可以塑造幼儿健全的人格与健康的个性,提高幼儿对美的正确认识、学会鉴赏美、创造美,从而培养他们高尚的思想道德情操。

幼儿手工制作既是高等院校学前教育专业中非常重要的专业课程,也是幼儿园和社会各类培训机构从业者必须掌握的关键技能。为此我们组织多年从事学前教育幼儿手工制作教育教学的专家教授和幼儿园专职手工制作教师共同精心编撰了本书,本书的出版对规范幼儿手工制作教育教学,更好地服务于我国学前教育具有重要的意义。

本书第 1 版自 2016 年出版以来,因写作质量高、突出应用能力培养,而深受全国各高等院校广大师生的欢迎,目前已经多次重印。此次再版,作者审慎地对第 1 版教材进行了反复论证、精心设计,包括结构调整、更新补充新知识、增加实践技能训练等相应修改,以使其更贴近现实生活,更符合社会发展需要,更好地为国家学前教育教学实践服务。

本书作为学前教育专业的特色教材,坚持科学发展观,严格按照教育部关于“加强职业教育、突出应用能力培养”的教育教学改革要求,结合学前教育幼儿手工制作教学的特殊性,既注重基础知识、教学方法,又突出幼儿特点,加强“在玩中动手、在学中动脑、在寓教于乐中认知”的欢乐教学活动训练,关注幼儿身心健康、动作协调、艺术美学等人文素养的提高;并注重教材结构、内容编排的创新。

全书共六章,以学习者应用能力培养为主线,根据中共中央、国务院发布的《关于学前教育深化改革规范发展的若干意见(2018 年)》要求和教育部出台的《3—6 岁儿童学习与发展指南》精神,结合师资能力培养目标,按照幼儿手工制作施教规律,具体介绍纸工、泥工、布艺、绳艺、环保材料制作、自制玩教具、幼儿园自制玩教具制作方法等幼儿手工制作基础知识,并通过欢乐课堂激发兴趣,强化在玩中学训练,以提高应用技能与能力。

由于本书融入了学前教育幼儿手工制作的最新实践教学理念,力求严谨,注重与时俱进,具有知识性、趣味性、启发性、操作性,注重遵循幼儿手工制作教学规律。因此,本书既可作为高等院校和职业院校学前教育专业幼儿手工课程的教材,也可用于幼儿园手工教师的在职岗位培训,并为广大家长辅导幼儿学习手工提供指导。

本书由李大军进行统筹策划并具体组织,姚欣和罗莲主编,姚欣统改稿,李叶、胡国

良为副主编,由孟红霞教授审定。作者写作分工如下：牟惟仲编写序言,姚欣编写第一章和第二章,李叶编写第三章,胡国良编写第四章,罗莲编写第五章,李叶、胡国良编写第六章；由李晓新进行文字修改、版式调整、制作教学课件。

在教材再版过程中,我们参阅了大量有关幼儿手工制作的最新书刊、网站资料以及国家新近颁布实施的学前教育相关法规和管理规定,收集了具有实用价值的案例,并得到业界有关专家的具体指导,在此一并致谢。

为配合教学,本书备有电子课件,读者可以从清华大学出版社网站（www.tup.com.cn）免费下载使用。

因作者水平有限,书中难免存在疏漏和不足,恳请专家和读者批评指正。

编 者

2021 年 2 月

目　录

第一章

纸 工

教学目标

(1) 了解传统手工纸艺的历史、成就和特点。

(2) 掌握剪纸、折纸、衍纸、瓦楞纸等纸艺的基本制作方法和技巧。

(3) 了解纸工在幼儿园活动中的教学意义和教学思想。

(4) 培养学生对传统手工艺和民族文化的热爱,锻炼创作思维能力和动手能力,促进眼、手、脑的协调性。

学习导语

纸张是生活中常见、易获得的手工材料之一。造纸术是中国四大发明之一,与指南针、火药、印刷术一起,给中国古代文化的繁荣提供了物质技术的基础。时间的流逝并没有让纸张的制作工艺退化,反而使其有了更大的进步,今天纸的种类更加丰富,用途更加广泛。

不同的纸张因其纸性不同,适应于不同的手工制作方式,书写用纸如打字纸、制图纸等有一定硬度,适合折叠、卷曲造型;卫生用纸如皱纹卫生纸、纸巾纸、湿纸巾纸等质地绵软,遇水后可帖服,适合粘贴染色;装饰用纸如蜡光纸、涂塑壁纸、皱纹原纸、搪瓷贴花纸等往往有漂亮的颜色和花纹,适合用于装饰美化作品。对各种不同的纸张采用恰当的制作技法进行加工,可以产生魔法般的变化。

纸工技法常见的有剪、刻、折、团、卷、撕、拧、编、压、染、粘贴、插接、水泡等,这些技法赋予了纸张新的生命力,创造出了或立体或平面的手工作品,这些作品美妙、质朴、丰富多彩、色彩斑斓。

第一节　平面纸工

平面纸工包括剪纸、撕纸、刻纸、粘贴等纸艺技法。

一、剪纸

（一）传统民间剪纸

1．剪纸与民俗文化

图 1-1 所示为一张我国西北陇东一带常见的传统剪纸形象,你能推测出它刻画的是什么形象吗?它要表达的是什么?

图 1-1　独体图案剪纸

这幅剪纸作品的名字是"扫天婆",也叫"驱云婆婆"。在阴雨连绵、久阴不晴的季节里,妇女们用纸剪出一个女人形象,穿上线绳或吊上竹竿插在墙头,或挂于屋檐下,使其随风飘扬。"扫天婆"最鲜明的特点是手持扫帚,飞舞起来好像在天上打扫阴云,让天空放晴。"扫天婆"剪纸同我国其他的民间剪纸一样,是一种扎根于乡间土壤,与人民生活紧密关联的民间艺术形式,是广大劳动人民创造和传承的文化。

作为女红的一部分,剪纸一度是传统女性的必修功课。它蕴含着民族精神和民族心理的基本素质,与彩陶艺术、岩画艺术等艺术相互交织在一起,传承着古老民族的人文精神与思想脉搏。剪纸题材广泛,可以说包罗万象。

自然界中的花鸟鱼虫、飞禽走兽,生活中的传统节令、传说、戏曲、歌谣、谚语都是剪纸艺术的表现题材。剪纸体现了人们对生活的热爱,同时也能看出人们对生命精神的追求。

随着时代发展,除了农村地区仍保留节日贴窗花、婚庆贴顶棚花的习俗外,剪纸逐渐退出了许多家庭的日常生活。2006年,剪纸被列入首批国家级非物质文化遗产保护名录。

剪纸之所以能长久流传,源于其纳福迎祥的表现功能,借助剪纸表达人们追求丰衣足食、人丁兴旺的愿望和对美好生活的向往,各种质朴、怪诞又包含率真至美的剪纸造型来源于原始的视觉思维方式和民间审美观念。

2．剪纸起源

"扫天婆"是人民群众祈祷天晴时常用的剪纸作品。事实上,剪纸也起源于古人祭祖祈神的活动。春秋战国时期,人们在皮革、绢帛甚至树叶上剪刻纹样,有学者认为,这种镂空雕刻属于剪纸的范畴。

真正意义上的剪纸艺术应从纸张发明后开始,中国最早的剪纸作品是1967年中国考古学家在新疆吐鲁番盆地的高昌遗址附近的阿斯塔那古北朝墓群中发现的。

其中的几张团花剪纸,直径为24cm,分别表现了"对马""对猴""冬忍"等形象,图 1-2 所示为北朝剪纸"对马"。这些考古发现为中国的剪纸形成提供了实物佐证。这些剪纸采用麻料纸,折剪团花剪纸使形象"成双成对"出现,剪纸技巧已很成熟。

唐代笔记小说集《酉阳杂俎》记载:"立春日,士大夫之家,剪纸为小幡,或悬于佳

人之首,或缀于花下,又剪为春蝶,春胜以戏之。"可见,以春幡、春蝶作礼物已非常普遍。

到了宋代,造纸业的成熟为剪纸的普及创造了条件,剪纸的运用范围不断扩大,或用作窗花,或贴于灯彩、茶盏上作装饰,甚至作为制陶瓷的花样、雕刻皮影戏的人物造型。

明清时期,剪纸艺术走向成熟,明清笔记和地方志有不少剪纸名家的记载,更多时候常将剪纸作为装饰家居的饰物,也就是后人熟悉的窗花、柜花、喜花、棚顶花等,因其色彩鲜艳热烈、造型质朴生动,可以充分渲染浓郁的节庆氛围。

图 1-2　剪纸"对马"(新疆吐鲁番阿斯塔那 306 墓出土)

3. 民间剪纸的造型特点

剪纸在我国民间流传极广,由于各地文化传统、风俗习惯和审美趣味的不同,民间剪纸也呈现出不同的地域特色。一般来说,山东、河北、陕西的剪纸风格淳朴、豪放粗犷;江苏、浙江的剪纸精巧明快、疏密流畅;广东、福建的剪纸则以玲珑纤细见长。

但无论是哪个地域的剪纸,在造型方式上却有极为相似的地方,如图 1-3 至图 1-5 所示。比较这三张图片就会发现,尽管三张作品分别来自不同的地域、出自不同的剪纸艺人之手,其具体面貌也不尽相同,但却采用了相似的造型方法,有异曲同工之妙。

图 1-3　《扫天婆》(河南)　　图 1-4　《扫天婆》(山东)　　图 1-5　《扫天婆》(陕西刘兰英)

民间剪纸通常是以"意象"造型。意象就是意念中的形象。剪纸的造型并不是完全取材于自然的真实形象,而是作者根据传统的造型观念,以丰富的主观形象,有目的、有选择地将客观事物纳入自己的创作思考中,运用平面、概括、夸张、装饰等表现手法创造出的不受时空限制的形象。

（二）剪纸工具与材料

1．纸张

剪纸可利用的纸品很多,有单色纸、彩色纸、竹浆纸、金银箔纸、宣纸等。初学者可以使用竹浆纸或者是单色纸,这种薄而柔韧的纸张可以很好地帮助学习者熟悉剪纸的技法。不同的剪纸技法对纸张的要求不同,甚至可以使用锦帛进行剪纸创作。丰富的材料得以让一些优秀的作品完整地保存下来。

图1-6 所示的宣纸是传统民间剪纸的常用纸张。

图1-6 五色宣纸

2．剪刀

剪刀是剪纸的主要工具,一般市场上出售的普通剪刀都可以用。大型的剪刀便于剪出长而直的线条,小剪刀适合做小面积的装饰镂空。剪刀要求头细而尖,刀锋薄而锋利,把手应可以放进全手,如图1-7 所示。

为保护幼儿安全,幼儿使用的剪刀一般为圆形或有保护套,如图1-8 所示。另外,花边剪刀也可以方便地剪出不同的曲线、折线痕迹,是不同功能的剪刀,如图1-9 所示。

图1-7 剪刀　　　　图1-8 儿童剪刀　　　　图1-9 花边剪刀

3．刻刀

剪刀不便于镂空,刻刀是很好的补充。刻刀可以对图案细节进行细腻刻画。刻刀刀刃细而锋利,根据不同的刀头区分不同的种类,民间艺人往往自己制作合手的刻刀。课堂教学中也可用美工刀代替,图1-10 所示为刻纸所用刻刀。

4．垫板

垫板与刻刀配合使用,刻纸垫板一般指蜡盘,也可用三夹

图1-10 刻刀

板、厚纸板、玻璃等代替。蜡盘为木质结构，蜡质松软，韧性适中，最适合制作精细剪纸。图 1-11 和图 1-12 分别是蜡质木盘和美工垫板。

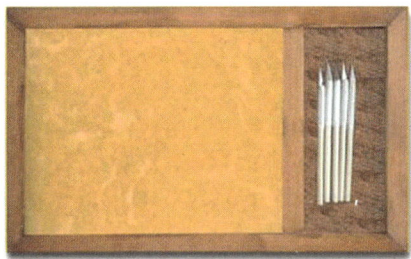

图 1-11　蜡质木盘

图 1-12　美工垫板

5．订书机

描图完成之后要借助订书机将其固定到纸张上面，才能进行正常的剪裁和刻裁，文具中常用的订书机即可。

6．打孔器

打孔器用于制作剪纸中大大小小的圆点，口径不同决定了圆孔的大小，如图 1-13 所示。

图 1-13　打孔器

（三）剪纸分类

剪纸从表现形式上可分为单色剪纸、点色剪纸、分色剪纸、衬色剪纸及绘色剪纸五大类。其中单色剪纸最普遍，数量最多，内容最丰富。其特点是虚实对比强烈、明快醒目；风格单纯大方，感染力强。剪纸从风格上讲，可分为南、北两派。南派细腻秀美，北派粗犷豪放。

剪纸常用的手法大体上可分为剪、刻两种。剪是用剪刀铰，线条活泼多变，随意性强，北派剪纸多用剪刀剪制；而刻的方法是用特制的刻刀雕刻，又称刻纸，作品风格严谨、细

腻,装饰性强,南派剪纸多用这种方法创作。从表现技法上讲,又分为阳剪和阴剪。阳剪讲究"线线相连",阴剪强调"线线相断",阴剪阳剪相对相生。

1.阳刻剪纸

阳刻剪纸通常采用红纸、黑纸或其他颜色的材料剪刻出来的单色剪纸作品。阳刻剪纸的特征是保留原稿的轮廓线,剪去轮廓线以外的空白部分。它的每一条线都是互相连接的,牵一发而动全身。如图1-14所示,阳刻剪纸外轮廓尽量不要剪断。

2.阴刻剪纸

阴刻剪纸的特点与阳刻剪纸恰恰相反,就是刻去原稿的轮廓线,保留轮廓线以外的部分。所以,阴刻剪纸的特征是它的线条不一定是互连的,如图1-15所示,作品的整体是块状的。

图1-14　阳刻剪纸（埃尔莎·莫拉）　　　　图1-15　阴刻剪纸

3.阴阳结合

传统剪纸中,完全采用阳刻或阴刻的作品并不多见,大部分是采用阴阳结合的手法,如图1-16所示。根据画稿里虚实关系的需要,采取阴刻和阳刻交叉的方法,能使画面效果更为丰富、主次更加分明。

4.剪影

剪影通过物象外轮廓表现形象,所以它最注重外轮廓的美和造型。我国著名画家和美术教育家徐悲鸿曾说,剪影以"剪纸的形式"表现了"一个高级的造型心灵"。

英国民间流行的剪影画就是用黑纸剪出物象的影子,用黑影构成了画面,这种剪影画后来还发展成为一种电影的形式。如图1-17所示,剪影类剪纸的外轮廓形态的美感极为重要。

图 1-16　阴阳结合剪纸

图 1-17　剪影剪纸

5．套色剪纸

套色剪纸是剪纸艺术中应用较为广泛的一种表现方法，一般多采用已完成的阳刻主稿拼贴上所需要的各种色纸。一般主稿所使用的材料都采用较厚实的纸，或者绫缎、绒布等一些高级材料，而且颜色宜用深浓色，这样，套起来更加得心应手。广东佛山有一种"铜衬料"就是以金箔纸刻成主稿后，各部位分别衬以大红、湖蓝、草绿、中黄，显得富丽堂皇。图 1-18 所示为梁志炎的套色剪纸作品。

图 1-18　套色剪纸（梁志炎）

（四）剪纸技法

剪纸基本技法"五要素"为圆、尖、方、缺、线。要达到：剪圆如秋月，饱满圆润；剪尖如麦芒，尖而挺拔；剪方如瓷砖，齐整有力；剪缺如锯齿，排列有序；剪线如胡须，均匀精细。剪口整齐，既不留缺茬，又不能剪过头或剪坏别处。

制作剪纸的过程，一般应遵循"三先三后"的原则，即先繁后简、先主后次、先里后外。也就是，先剪复杂的部分，后剪较容易的部分；先剪重要的部分，后剪次要的部分；

先剪里面的部分，最后剪外围的部分。

1. 常用剪法

剪纸时通常将纸对折来剪制，对折的痕称为"折线"（也称轴线）；剪刀剪出的线称为"剪线"。要表现各种形象，将内部空白部位剪掉，称为"镂空"；有时要将某个部位剪一根线而不是镂空，称为"空刀"，其剪线称为"隐线"。

在剪制时，因线条组成复杂多变，所以在运剪时剪刀需要调整运用，从纸上方剪入称为"下剪"，从纸下方伸入称为"上剪"。

1）对折剪

对折剪有左右对称剪和上下对称剪。

左右对称剪是以中心垂直线为基准对折后，以折线为中心剪图案，展开后可得两个对称映射图案。图 1-19 所示为双鱼图案的草图和成品。

上下对称剪是以中心水平线为基准对折，以对折线为中心剪图案。上下对称剪的题材较少，常用于表现水中倒影。图 1-20 所示的对称的鸭子造型表现了水的映射。

图 1-19　对折剪纸《双鱼》

图 1-20　上下对称剪

对折剪《斗篷女孩》

对折剪《斗篷女孩》步骤如下：准备一张红纸、一张白纸。如图 1-21 所示，将两张纸对折。以对折边为中心，设计出形象的大体轮廓，并添加细节和装饰。先剪眼睛等细节，再剪靠近折边的形象，最后剪外轮廓。分开两张纸，在红色纸张上剪出需要保留的红色斗篷和斗篷上的花纹，并粘贴在白色剪纸上。

2）团花类剪纸

团花剪纸呈圆形花样，四面均齐，如图 1-22 至图 1-26 所示。由于纸张可折叠，这种装饰格式在剪纸中尤能显示其优越性。我国最早的剪纸实物，如新疆出土的北朝时期剪纸"对马"即为团花格式，可见团花格式是剪纸中最为古老的形式。为方便操作，团花剪纸也往往先剪内部掏空图案，再剪折边图案，最后剪轮廓花样。

图 1-21　对折剪《斗篷女孩》步骤

图 1-22　三角对称剪

图 1-23　四角对称剪

图 1-24　五角对称剪

图 1-25　六角对称剪

图 1-26　八角对称剪

团花剪纸——花环

团花剪纸——花环制作步骤如下。

首先,将一张正方形纸对角折,再对折下面两个角,形成直角三角形。然后,将左下

角向上折成一个小三角形,再将直角折向对边,反面与此相同。在折好的三角上画图中所示线条,并沿线条剪开。展开后即成八角团花剪纸。最后将中间花瓣部分上折并粘到花心处,以增加层次感和立体感。如图1-27所示,多个花朵通过粘贴与叶子组合可形成色彩多样、层次丰富的装饰花环。

图 1-27　团花剪纸步骤

3)独体图案剪纸

很多民间艺人在制作剪纸时,可以不画草图直接下剪,这就是熟能生巧,需要依靠长时间的练习积累。流行于山西省吕梁山区的一句歌谣:"养闺女要巧的,牡丹石榴冒铰的"。"冒"就是随意,"冒铰的"是指一些剪纸能手,她们提起剪刀,想剪什么就剪什么,随心所欲,而剪出来的剪纸人见人爱。

创作独体图案一般需要提前将图案画出草图,再将草图放在比草图略大的若干色纸上固定成一叠。对称的部分、大块的面积可以用剪刀剪,细的部分可以用刻刀刻。

剪纸一般不便表现层次重叠和庞杂的场面。剪纸这一简捷、明快的特点,更适合表现夸张性、随意性的事物。剪纸不强调光影和素描效果,更不强调自身色彩的如实反映,有时对物体的比例概念、时间概念也需要模糊处理。

如图1-28所示,传统剪纸《鱼钻莲》中的鱼与莲的对比,显然鱼要比实际比例大得多。如图1-29所示,《四季果》中的四个季节中所结果实合为一体,就是时间模糊的例子。

总之,只要有利于表现创作题材,适当的变形是剪纸所需要提倡的。

图 1-28 剪纸《鱼钻莲》

图 1-29 剪纸《四季果》

独体剪纸——《扫天婆》

独体剪纸创作更为自由,为了在剪纸时不错误下剪,必须清楚地区分剪掉和保留的部分。可以先用笔将扫天婆的形象仔细描绘出来,如图 1-30 所示,然后再添加细节与装饰,设计扫天婆形象。

图 1-30 独体剪纸《扫天婆》步骤图一

画好草图后将草图附在彩色纸张上,用订书器将四周订紧,防止窜动变形。如需要同时剪出多张,可同时订紧多张彩纸。张数由纸张厚度决定,纸张越薄可以同时产出的数量就越多,但一般不多于 8 张。如图 1-31 所示,细节部分用刻刀刻出,大面积和长线条用剪子剪出。

剪刻的顺序是由小到大、由内到外。如图 1-32 所示,先刻画形状中最复杂和细小的部分,再刻画大面积的形体。

图 1-31　独体剪纸《扫天婆》步骤图二

图 1-32　独体剪纸《扫天婆》步骤图三

　　最后,将形象的外轮廓剪出来,如图 1-33 所示。一次剪刻,同时产生了多个扫天婆。将它挂起来扫走阴霾吧!

图 1-33　独体剪纸《扫天婆》步骤图四

2．基本纹样

传统剪纸有锯齿纹、月牙纹、朵花纹、水纹、云纹、火纹、方形三角、圆形等很多纹样,这些纹样对剪纸起到装饰作用,也是剪纸组成的重要部分,对这些纹样反复剪制熟练,是剪纸的基本功。

1)锯齿纹

锯齿纹是指两条直线相交形成锯齿状纹样,有长短、粗细、疏密、曲直、刚柔之分。通常用坚硬长短的锯齿纹表现树叶的边角和茎的针刺;用柔和的锯齿纹表现水灵灵的花与果;用刚健的锯齿纹表现动物的鬃毛;用圆实半弧形粗细的锯齿纹表现禽、鸟、鱼、虫的羽毛和鳞甲;用灵活疏密的锯齿纹表现人物的眉毛、胡须、飘洒的头发和服饰上的皱褶等。

剪法:如果在内部,先在尖处开一长口,然后开剪,剪时要注意根尖之间距离相等;如果在外部就随着外形剪。如图 1-34 所示,鸡的羽毛即为锯齿纹。

图 1-34　剪纸作品《喂鸡》

2)月牙纹

月牙纹是一种弯曲的宽窄、刚柔、长短不一的呈月牙形的纹样。一般都是阴剪,短而灵便的线条,用来表现整个事物的形象,如衣纹和运动感等,或用几条并列的月牙纹,以使作品显得更有装饰性。在剪制时要有意识地强调它,以增强作品的艺术感染力。

3)朵花纹

朵花纹是一种图案式的小花头,通常为梅花、桃花、菊花等。大一点的可按花瓣分层加以表现,小一点的可三瓣五瓣,有的几乎缩成一个点状,多用在服饰和动物身上或环境花草上以及固定的器物图案上的点缀,是塑造形象不可缺少的纹样。

4)水纹

水纹多在配景或以景为主的剪纸中出现。水的形状很多,有平静波纹、浪花、水珠等。水流动产生水波,微波荡漾,如游丝般给人以波光闪闪的感觉,有时又起起伏伏,波涛澎湃汹涌。为表现狂风巨浪,把浪头卷回来,成为巨浪高耸,使人惊心动魄。水旋以小卷为轴心连线成圈圈,层层放大。表现静水要板滞,表现活水要活跃,总之要简而不空、繁而不乱。

5)云纹

云有行云、朵云、团云、云气等。行云是朵云、团云被风吹动后才产生,有云头云尾,云头绵缕,云尾飘动。朵云是比较静的云纹;团云的形状是朵云、行云的综合形状。

6)火纹

火有火苗、火星、火花、火焰。火苗似秧,随风飘动溅出的火点,小者像星,稍大者像花。火纹随风飘动成火焰,还有火炬等。

二、剪纸贴画

剪纸贴画是在剪纸的基础上通过粘贴形成的手工作品。除纸张外,很多日常生活中

废弃的材料也能制作剪贴画,所以有人称剪贴画是"环保艺术品"。剪贴画通过独特的制作技艺,巧妙地利用材料和性能,充分展示了材料的美感,使整个画面具有浓浓的装饰风味。

1. 民间剪纸贴画

1996年陕西旬邑县的剪纸艺人库淑兰,被联合国教科文组织授予"中国民间工艺美术大师"称号。她的剪纸作品不同于其他剪纸的特点之一就是,通过很多剪纸形象的拼贴形成形式更完整、色彩更丰富、尺寸更大的作品。

如图1-35和图1-36所示,作品构图丰满,人物造型质朴,色彩运用绚丽而又统一。

图1-35 剪贴画(库淑兰)

图1-36 剪贴画《剪花娘子》(库淑兰)

2. 剪贴画工具

剪贴画工具包括剪刀、彩色纸张、胶水或胶棒、卡纸。

3. 剪贴画技法

剪贴画一般需要设计图稿、剪纸、粘贴几个步骤。剪贴画精致、细腻,富有叙事性和装饰性,如图1-37和图1-38所示。

小贴士

拼贴画材料除纸张外,也可用石子、棉花、种子、沙子、布、线等。在幼儿园中的剪纸贴画常为图形拼贴画(图1-39)。拼贴各种大小不同的规制图形,组成人物、动物、植物、交通工具等生活中常见的造型,如图1-40所示。拼贴画可以引导幼儿观察生活,提高概括能力、动手能力。

图 1-37 剪纸拼贴《秋》（韩雨朦）

图 1-38 剪纸拼贴《夏》（游雪莲）

图 1-39 儿童剪纸拼贴

图 1-40 自然材料拼贴（张雪）

三、平面纸工作品欣赏

Michael Velliquette 利用彩色的档案卡、票纸，通过粘贴、弯曲、折叠和滚动元素，创造出戏剧化的空间关系。Michael Velliquette 的作品是一个直观的、纯手工制作的审美艺术品，在错综复杂的精心设计下，提高作品的三维度。他的每件艺术品都向人们展示出一种人生哲理（图1-41）。

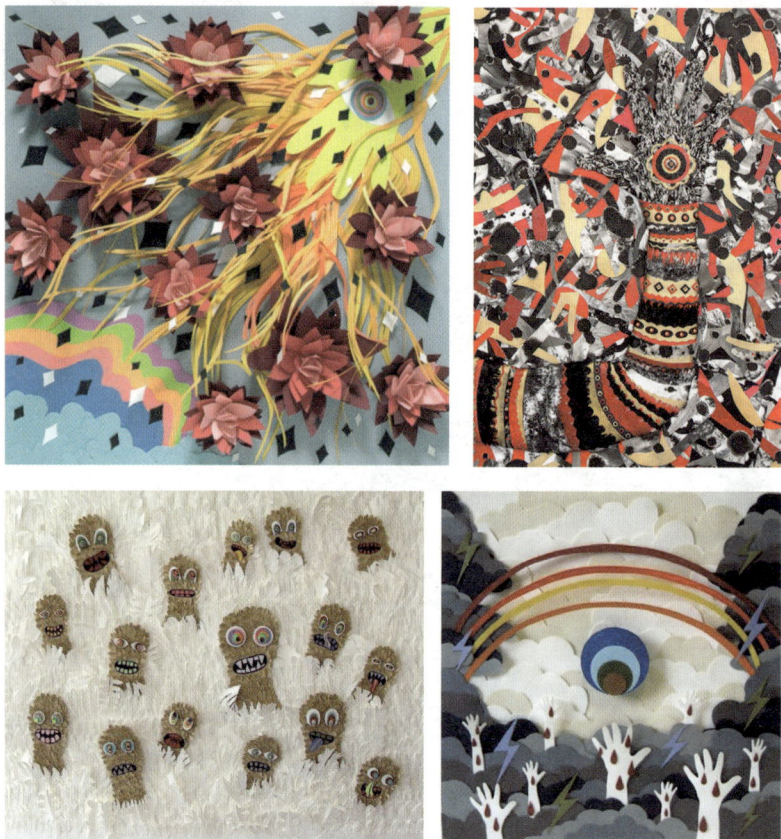

图 1-41　Michael Velliquette 剪纸贴画作品

剪贴画具有取材容易、制作方便、变化多样等特点，是一种深受少年儿童喜爱的工艺美术活动。

第二节　立 体 纸 工

一、折纸

纸张既具有实用功能也具有审美意义，折纸的魅力在于通过折、叠、提、拉、翻等技法组合将二维平面幻化为三维立体形态。不同质地和性能的纸张通过多种手法和技巧，可

表现出内容丰富、形态各异的形象。

（一）折纸简述

折纸历史久远，其发祥源头已不可考，在漫长的历史长河中折纸技术在中国和日本代代流传。1797 年日本三重县桑名市长円寺的僧人义道一円出版的《秘传千羽鹤折形》被认为是世界上第一本折纸书，如图 1-42 所示，该书记载了当时所知道的大量折纸图案。

学前教育创始人，德国的杰出教育大师 Friedrich Froebel 认为，折纸能够非常好地启迪智慧，并把折纸与自己的教育学说结合起来，在他创办的世界第一所幼儿园——勃兰登堡幼儿园中开设折纸课程，这种做法后来被推广到全世界。

从 19 世纪晚期到 20 世纪是现代折纸快速发展时期，出现了很多了不起的折纸大师，如日本的吉泽章以及西方的 Ligia Montoya 与 Adolfo Cerceda。日本折纸艺术家吉泽章被认为是现代折纸艺术的鼻祖。

吉泽章一生发明了超过 5 万种折纸图样，更建立了描述折纸技术的标准语言，至今仍为全世界所通用。1983 年，日本天皇授予他旭日章，这是日本国民所能获得的最高荣誉勋章之一。图 1-43 所示为吉泽章的作品《熊猫》。

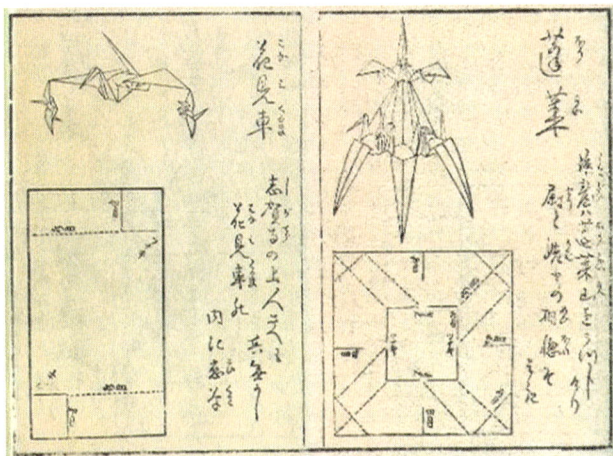

图 1-42 《秘传千羽鹤折形》影印 　图 1-43 折纸《熊猫》（吉泽章 日本）

法国雕塑家 Eric Joisel 的折纸作品具有很好的雕塑感，如图 1-44 所示，人物造型细致，立体感强。

（二）折纸分类

折纸由纸张折叠而成，一般不使用剪刀和胶水。折纸作品以一张纸折叠成的作品为主，但也有用两三张甚至几百张纸制作的作品。折纸作品根据技法可以分为折叠法折纸、折剪法折纸和折叠组合法折纸。

图 1-44　折纸玩偶（Eric Joisel 法国）

（三）折纸材料

很多品类的纸张都可以用于制作折纸作品，不同的纸张特性也能产生不同的艺术效果。较硬的纸张可以用于制作形态较为简洁的包装盒、玩具、模型等造型；较薄的纸张适用于工艺相对复杂的作品，可以比较细腻地展示造型细节。

图 1-45 和图 1-46 所示为各种各样的工艺用纸张。从色彩上分类，纸张有单面色、双面色、全色、半透明等；从肌理上分类，有单层、多层、毛面、平面多皱等；从厚度上分类，有各种克数的铜版纸、牛皮纸、卡纸、瓦楞纸、蜡光纸、包装纸等。

图 1-45　双面装饰图案彩纸

图 1-46　闪钻手工纸

（四）折纸基本技法

折纸的基本动作有对角折、对边折、内陷式反折、外翻式反折、连续反折等。基本形包括双三角、双正方、集角正方、集中正方等。

1．双三角制作方法

双三角制作方法如图 1-47 所示。

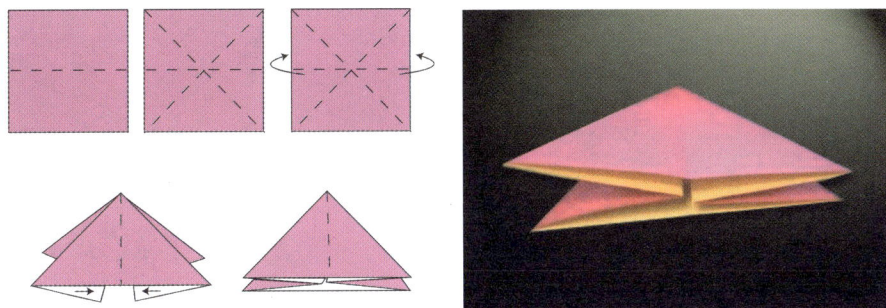

图 1-47　双三角制作方法

双三角在折纸中的应用如图 1-48 所示。

图 1-48　折纸《兔子》

小贴士

很多可以吹起来的折纸作品,其制作过程都与图 1-48 所示的折纸《兔子》的制作过程类似,这是因为双三角制作时可以产生一个吹气孔。气球的制作过程如图 1-49 所示,它是这一类折纸的基本形态(图 1-50),可以在其基础上变化出很多其他形象,如图 1-51所示。

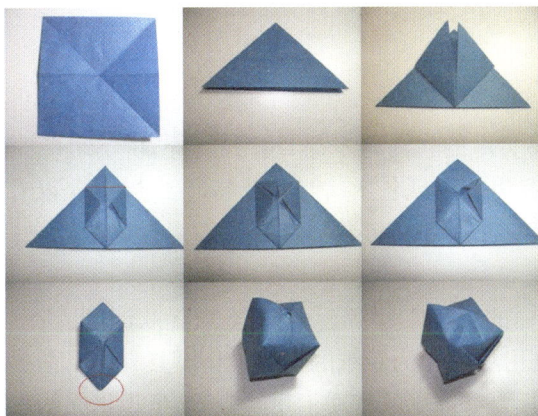

图 1-49　气球的制作过程

图 1-50　吹气类折纸基本形

图 1-51　吹气类折纸《皮卡丘》

2．双正方制作方法

双正方制作方法如图 1-52 所示。

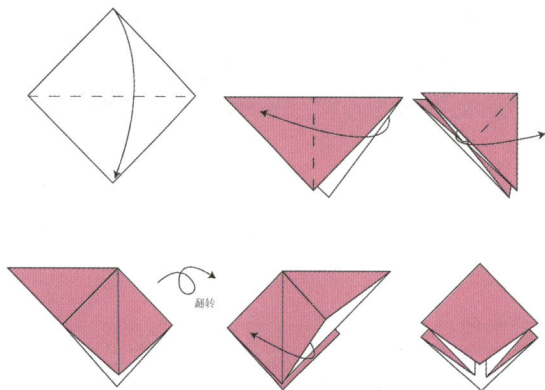

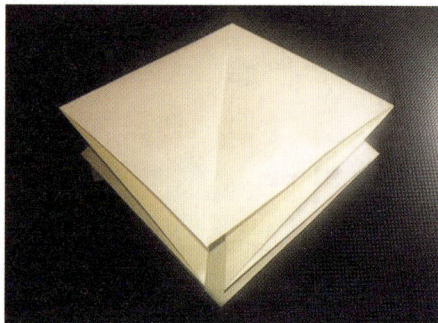

翻转

图 1-52　双正方制作方法

双正方在折纸中的应用，如图 1-53 所示。

二、衍纸

　　衍纸是一种简单、实用的生活艺术品，运用卷、捏、拼贴组合完成，常被用于卡片、包装装饰、装饰画、装饰品等。衍纸艺术又叫卷纸装饰工艺，就是以专用的工具将细长的纸条一圈圈卷起来，成为一个个小"零件"，然后通过组合这些样式复杂、形状各有不同的"零件"进行创作。

　　据说这种风格奇丽的纸艺术起源于 15—16 世纪欧洲修道院，当时的修女为了美化宗教性质的用具，曾利用羽翻作为卷纸的道具。衍纸具有容易曲摺，回复力较好、活泼的弹性、可切割等特点，只要将纸张的特质活用至极致，呈现出来的成品就能从原有的平面扩及至立体世界。稍加耐心和创意，就能创作出美轮美奂的作品。

图 1-53 折纸《千纸鹤》

（一）衍纸工具

1. 纸张

衍纸专业纸条尺寸为 5mm×390mm 或 5mm×540mm，色彩丰富，常见的有 12 色、24 色、36 色等。如果作品比较复杂且工程较为庞大，对色彩的需求就会更高一些。特定气氛下使用的纸，如具有圣诞色彩，就会包含红色、绿色、白色和一点点金色、银色的纸，也有一些作品会用到有镀金边和珍珠光泽的纸。

2. 衍纸笔

衍纸笔是衍纸操作的专有工具，它的笔头有分叉，如图 1-54 所示，可以放入纸条并能固定纸条顶端，便于卷纸。在没有衍纸笔的情况下也可以将牙签的头剪平后竖向切出一个缝隙代替。

3. 胶水

一般指白胶，用于固定衍纸卷的基本形态。

图 1-54 衍纸笔

4. 衍纸板

衍纸板是衍纸设计和制作的平台。市场上有出售的衍纸板，多是用软木制作，其中

一面有一个塑料板,上面有各种型号的孔洞,方便制作出不同规格的卷纸。有些孔还可以用来制作偏心圆。衍纸板可以自己制作,用纸板打孔就可以了。图1-55所示为衍纸常用工具。

图 1-55　衍纸常用工具

（二）衍纸的基本方法

1．衍纸基础造型

任何复杂华丽的衍纸作品都是由一个个基本造型构成的,掌握基本形的制作方法是衍纸创作的基础。图1-56所示为衍纸的各种基本形。

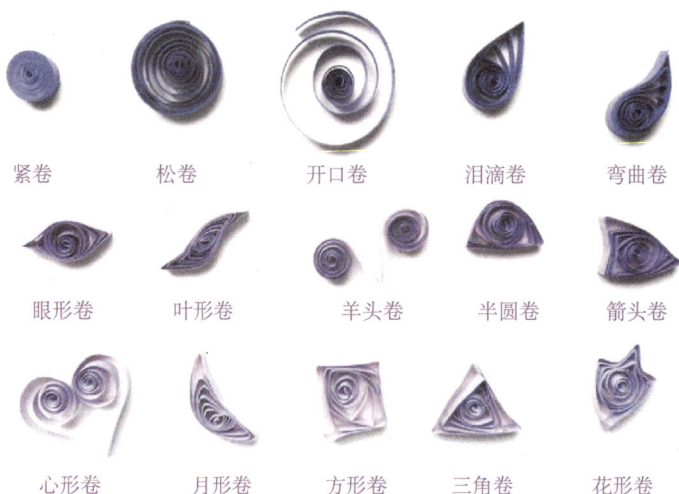

| 紧卷 | 松卷 | 开口卷 | 泪滴卷 | 弯曲卷 |

| 眼形卷 | 叶形卷 | 羊头卷 | 半圆卷 | 箭头卷 |

| 心形卷 | 月形卷 | 方形卷 | 三角卷 | 花形卷 |

图 1-56　衍纸的基础造型

2．基本卷制作方法

基本卷的制作方法如图 1-57 所示。

图 1-57　基本卷的制作

3．衍纸作品《花卉》的制作过程

衍纸作品《花卉》的制作过程如图 1-58 所示。

图 1-58　衍纸作品《花卉》

三、瓦楞纸纸工

瓦楞纸是由挂面纸和通过瓦楞棍加工形成的、波形的瓦楞纸黏合而成的板状物，一般分为单瓦楞纸板和双瓦楞纸板两类。瓦楞纸单向易卷曲，但另一方向则硬度较大不易折叠，利用其独特的属性就能使其成为手工制作中的上等纸艺材料。不少经典的手工纸艺作品都是使用瓦楞纸制作出来的，如图1-59所示。掌握瓦楞纸的基本使用方法，对制作出充满趣味感的纸艺作品非常有帮助。

图1-59　瓦楞纸作品

1．瓦楞纸纸工材料

瓦楞纸表面有明显的波浪肌理，横向易于卷曲、剪、折，纵向比较挺实，可受力。如图1-60所示，美工用瓦楞纸颜色比较丰富，尺寸的可选余地较大。

图1-60　瓦楞纸

2．瓦楞纸纸工制作方法

瓦楞纸的制作方法与衍纸有类似的地方，但其硬度较大，更便于制作立体作品。

制作瓦楞纸作品时，要注意将有纹理的一面朝外。瓦楞纸定型需要依靠黏合剂的

帮助,切勿操之过急。根据纸条的长度、盘曲程度不同,可依具体造型需求变化纸条的长度。瓦楞纸小驴的制作过程如图 1-61 所示。

图 1-61 瓦楞纸小驴的制作过程

四、立体纸工作品欣赏

1. 埃尔莎·莫拉（Elsa Mora）

古巴艺术家埃尔莎·莫拉（Elsa Mora）的创作涵盖剪纸、纸雕、绘画、混合媒介等多种材料和艺术表现形式，她不断地通过形式与色彩的组合，挖掘纸张的无穷潜质。纸张在她手中变成玄妙而又生动的艺术作品，直观地表达出细腻静谧的童话世界，如图 1-62 所示。

图 1-62　埃尔莎·莫拉的纸立体作品

2. Shin Tanaka 作品

出生在日本福冈的艺术家 Shin Tanaka 从事涂鸦创作、插画绘制、玩具设计工作，擅长用纸壳折叠出各种各样的卡通形象。玩具能给人带来乐趣，优秀的、具设计感的玩具不仅能给人带来乐趣，更具有欣赏和收藏价值。Shin Tanaka 以极大的热情投入玩具的设计中，利用卡纸、剪刀、胶水创作出了一个又一个充满个性魅力的纸质玩偶，如图 1-63 所示。

3. 尤利娅·布罗茨卡娅作品

俄罗斯女艺术家、插画家尤利娅·布罗茨卡娅（Yulia Brodskaya）的衍纸艺术品，色彩艳丽，栩栩如生。她仅用纸条和胶水等简单的材料，通过卷制和粘贴，让一个个老者的故事跃然纸上，是衍纸艺术领域较为特别的写实主义风格。布罗茨卡娅将简单的纸条运用到极致，使这一系列中每个老者的眼神里都透露出丰富、鲜活的信息，让人过目难忘，如图 1-64 所示。

图 1-63　Shin Tanaka 的纸立体作品

图 1-64　尤利娅·布罗茨卡娅的衍纸作品

第三节　纸 工 教 学

一、纸工的教育教学价值

纸工种类多样、形式丰富，是幼儿园艺术活动的常见内容。纸工既是一种手工艺术，又是一种游戏。纸工活动对幼儿的小肌肉训练、智力开发、陶冶情操、美化生活等方面都有积极的推进作用。

科学研究表明，手的活动对脑细胞的发育有着重要的促进作用，而幼儿智力的发展又能使双手更灵巧。苏霍姆林斯基曾说过："幼儿的智力在手指尖上"，其道理就在于此。

纸工取材方便、操作简单、生动形象、易学易做，是幼儿感兴趣和喜爱的活动，它既能锻炼幼儿的手部肌肉，又能促进幼儿大脑的发育。在幼儿进行纸工操作的过程中，能较好地培养幼儿的动手能力和发展幼儿的智力。因此，在大力提倡素质教育的今天，在幼儿园开展纸工教学活动，把幼儿纸工作为提高幼儿素质的一种教育手段，是值得尝试和推广的。

由于纸工的可塑性很强，可以说是千变万化，所以，通过纸工可以发展幼儿的创造力、想象力和形象思维能力。幼儿要折出图形，首先脑中对要折出的物体具有一定的印象，在制作过程中，需要不停地想象物体的样子，才能制作出完美的作品。

优秀的纸工作品，造型生动，在折叠、剪刻、粘贴的过程中，幼儿可以受到美的教育，培养幼儿的审美能力。这对幼儿一生的学习与生活都有着极为重要的影响，而且幼儿通过折纸能够体会到快乐，完成作品后，幼儿能建立初步的成就感，只要多加鼓励，幼儿的自信心就会逐渐培养起来。

另外,纸工作为教学教具的形式存在,也可对幼儿的活动起到丰富形式、调节气氛的作用。比如,很多纸工作品取材于民间儿童歌谣,图1-65所示为小老鼠上灯台。

二、纸工教学案例

脱稿剪纸是近几年多见于学前教育中的一种纸工活动。脱稿剪纸与传统的剪纸教学不同,传统剪纸教学从模仿开始,临摹拓印剪纸稿是师徒式传授剪纸技能和方法的教学,以对称折叠剪窗花为主要内容。传统剪纸教学时,幼儿不能自由发挥,甚至会出现用铅笔画稿后再剪的情况。

幼儿在传统剪纸过程中是被动的,因为剪什么是教师计划的,怎样剪是教师告知的,即使教师不直接教授,也会有步骤图挂在墙上或者由幼儿示范剪法,纸张大小、颜色、薄厚幼儿不能自主选择。

幼儿想用不一样的材料表达独特的想法,用自己的方法以及原创性的符号和造型时可能不被同伴和教师理解与认可,这些因素会影响幼儿自信的建立。传统剪纸教学时,总会有些幼儿游离于活动之外,或者拿起剪刀就说不会剪,认为自己不行,依赖于教师手把手地教。

图1-65　剪纸作品《小老鼠上灯台》

幼儿艺术教育应当是开发幼儿的艺术潜能。艺术知识和技能的传授并不是艺术教育的根本目的。传统的模仿式与灌输式的剪纸教学,忽略了幼儿的个体差异和发展水平,忽略了幼儿使用剪刀的能力与良好习惯的培养,它与现代的教育理念相悖,更不能有效地培养幼儿的创新思维和创造力。

脱稿剪纸将幼儿从仅是被动的学习剪纸技能和知识,变成以幼儿为主体的探究剪纸学习的过程,使剪纸教学完成从教师"教"到幼儿主动"学"的转变。使幼儿既能做到无稿剪纸,又能使幼儿在剪纸过程中自主探索学习,处理好教师教授剪纸技能与幼儿自主探索学习的关系。

脱稿剪纸让幼儿学会思考,发现自己的独特能力,自主而自信,建立自尊,发展创造力,促进幼儿的可持续发展。幼儿在剪纸中的专注不受任何功利的驱动,积极思考、想象与创造,作品表现出的幼儿原创性是艺术表达中难能可贵的。

脱稿剪纸没有程式性的规则,教师提供剪纸的主题,主要引导和启发幼儿观察,在获得视觉经验的同时脱稿剪出形象生动、稚拙、富有个性化的作品。幼儿的剪纸技能需要通过长时间的、反复的训练和练习,慢慢积累并自我总结。脱稿剪纸活动能锻炼幼儿的观察力,归纳能力,手、眼、脑的协调能力和表现力。脱稿剪纸作品如图1-66至图1-77所示。

图 1-66　脱稿剪纸《海底怪兽》（赵新娟）

图 1-67　脱稿剪纸《海底怪兽》（刘平）

图 1-68　脱稿剪纸《海底怪兽》（王倩）

图 1-69　脱稿剪纸《海底怪兽》（胡继萍）

图 1-70　脱稿剪纸《海边》（杨艺）

图 1-71　脱稿剪纸《黑黑、白白和花花》（王倩）

图1-72 脱稿剪纸《黑黑、白白和花花》(张海霞) 图1-73 脱稿剪纸《黑黑、白白和花花》(赵新娟)

图1-74 脱稿剪纸《小猫头鹰的故事》(张海霞) 图1-75 脱稿剪纸《小猫头鹰的故事》(胡继萍)

图1-76 脱稿剪纸《小猫头鹰的故事》(刘平) 图1-77 脱稿剪纸《小猫头鹰的故事》(蔡自芳)

教学建议

　　不同的纸艺手工对幼儿能力的训练和培养侧重点不同。剪纸的入门门槛较低,其造型的自由性也更有利于幼儿大胆进行创作,因此剪纸教学活动可以侧重幼儿想象力、创造力的培养。剪纸教学设计应运用皮亚杰的建构主义教学理论进行活动构建,充分发挥幼儿在学习活动中的主观能动作用,形成幼儿主动探索、自我总结、相互学习的习惯。

小班剪纸活动可以引导幼儿剪出生活中较为熟悉的、简单的、独体的物象,如《小熊来做客》中的水果、《大汽车》中的面包车等。中班剪纸活动则可以设计较为复杂的物象或物象组合,如人物、有人物的汽车等。大班剪纸教学活动则可以设计一些多种物象组合的场景类剪纸,利用绘本、诗歌或结合主题活动开展更为丰富的教学活动。

折纸则对技法的要求相对较高,为幼儿创造性的实践预留的空间不大。但折纸作为立体纸工中的重要内容是传统儿童玩具的常用载体。幼儿园折纸活动要依据幼儿身体和心理发展的特点设计,内容宜挑选可用于游戏的纸兔子、纸青蛙、手枪等,技术难度要注意循序渐进,保护幼儿的学习兴趣。

任何一类纸工的技术掌握和创作能力培养都非一日之功,为了形成较好的教学效果,在有限的幼儿园艺术领域教学活动中要合理地统筹安排课时,做到既可以让幼儿接触到丰富的材料和技法,又能够略有侧重、主次分明。

本章小结

纸艺手工材料极为易得,便于教师和家长在幼儿园和家庭教育中开展教学和游戏活动。本章介绍了平面纸工和立体纸工中较为常见的几类方法,但在人类长期的探索实践中,纸工的方法越来越多样。除本章所介绍的折纸、剪纸等纸艺活动外,还有染纸、纸浆黏土等多种纸艺方法。

掌握多种纸艺手工,不仅有益于幼儿园教师开展丰富多样的幼儿手工活动,而且有利于幼儿园环境创设、玩教具制作、演出道具制作等幼儿园其他工作的创新与发展。

讨论与练习

(1)剪纸从表现技法上分为哪几类?请你与同学讨论后,尝试合作创作一组相同图案的不同表现技法的剪纸作品。

(2)图1-79所示的铜钱图案是一个八角团花图案,图1-78是其基本形。请练习剪出铜钱团花以后,思考并尝试剪出图1-80所示的铜钱四方连续图案。

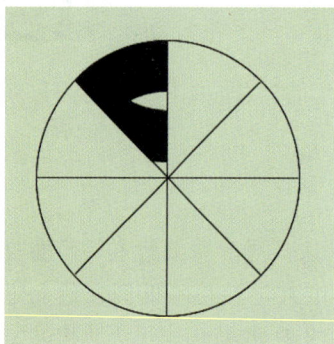

图1-78 八角团花基本形

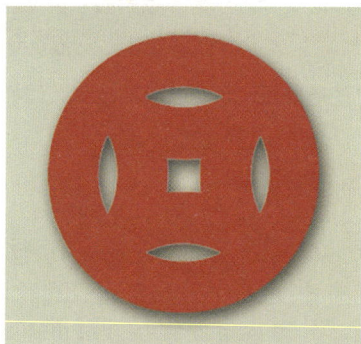

图1-79 剪纸铜钱

（3）请尝试用一个红包制作立体纸灯笼，如图 1-81 所示。

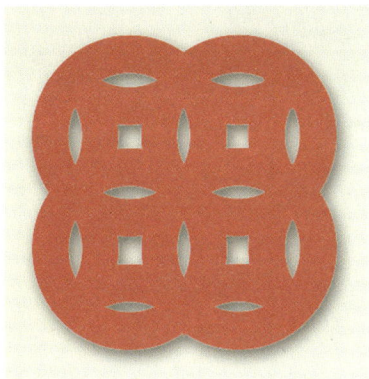

图 1-80　四方连续剪纸

图 1-81　剪纸立体灯笼

实践课堂

"猜灯谜"是我国元宵节的传统活动。在幼儿园设计"灯谜会"活动，不仅能让幼儿体验中国传统节日的氛围、接受传统文化的熏陶，更能通过制作灯笼的过程锻炼动手能力和创造能力。

（1）请思考并尝试利用多种材料和方法制作丰富多样的灯笼（图 1-82）。

（2）请设计一个以"灯谜会"为主题的亲子活动。

图 1-82　剪纸立体灯笼

第二章

泥 工

教学目标

（1）了解传统泥塑的历史和特点。

（2）掌握不同泥工材料的特点和泥工技法。

（3）了解泥工在幼儿园活动中的教学意义和教学思想。

（4）培养学生对传统手工艺和民族文化的热爱，锻炼创作思维能力和动手能力，促进眼、手、脑的协调性。

学习导语

泥工在中国有着悠久的历史，是一种古老的民间手工艺术。考古发现证明了泥塑早在距今八九千年前的新石器时代就已经出现。

出土于黄河流域新郑裴李岗文化遗址的古陶井和泥猪、泥羊距今已有约 7000 年的历史。但泥塑不易长久保存，考古发掘的泥塑作品数量较少，但同为泥土造型的陶器制品却被大量发掘。

迄今为止，被发掘的最古老的陶制容器是 2012 年在中国江西仙人洞发现的陶器罐碎片，可以追溯到公元前 20000 年至公元前 19000 年。但对于当时的人们来说，陶土不只可以用来制作实用器具，也被拿来作为艺术创作的绝佳材料。出土于长江下游河姆渡文化遗址的陶猪、陶羊距今已有 6000 至 7000 年。

第一节 传统泥塑

泥塑是一项流传了几千年的传统手工艺，不仅具备很高的艺术价值，还和中国传统的节气、仪式、风俗有着密切的关系，具有很多实用功能。在宗教仪式、逢年过节、婚丧嫁娶的活动中往往都能看到它们的影子。

一、宗教信仰中的泥塑

佛教、道教、地方神祇、纪念性人物都有使用泥塑造像的例子。两汉以后,随着道教的兴起和佛教的传入,以及多神化的祭祀活动,道观、佛寺、庙堂兴起,直接促进了泥塑偶像的需求和泥塑艺术的发展。

中国古代宗教雕塑以佛教雕塑艺术成就最高。现存佛教雕塑又以石窟寺雕塑为代表,分布于新疆、甘肃、宁夏等地。其中敦煌石窟、麦积山石窟、云冈石窟、龙门石窟最为著名。四大石窟集中展示了北魏、西魏、北周、隋、唐、五代、宋、西夏、元等多个朝代的泥塑造像,从中可以看到中国古代泥塑作品的灿烂辉煌。

甘肃天水的麦积山石窟被誉为"东方雕塑馆",保存有泥塑、石胎泥塑、石雕造像7800余尊。体现了千余年各个时代塑像的特点,系统地反映了中国泥塑艺术发展和演变的过程。

这里的泥塑既有突出墙面的高浮塑,也有完全离开墙面的圆塑,还有粘贴在墙面上的模制影塑和壁塑。其中,数以千计的与真人大小相仿的圆塑,极富生活情趣,被视为珍品。

图2-1所示为麦积山石窟133窟东北角佛龛里的一尊小沙弥泥塑像。身高不足1m,细眯双眼,面带微笑,憨态可掬。面露憨厚而又略带稚气的神情,俯首侧耳,似乎在专心致志地聆听佛的教诲;细眯的双眼,又好像在琢磨刚才的说教,而那深深刻印在嘴角上的会心微笑,更像是领悟了其中的奥妙,被称为"东方微笑"。

除了寺庙泥塑外,我国古代还有一些与宗教有联系的祠祀性建筑中也遗存有优秀的雕塑作品,如山西太原晋祠圣母殿的宋代彩塑就是其中突出的代表。殿内有43尊彩塑,大部分为宋代原塑。

正中帐内为圣母坐像,侍从井然有序地站立在两侧。侍从中,有5尊宦官,4尊男装女官,33尊身着长衫或短衣长裙的侍女。她们或梳双

图2-1　麦积山石窟造像

螺髻,或梳堆云髻,其上裹彩色布巾,裹法各不相同,服饰彩绘美观,衣纹塑造流畅,身材苗条,体态婀娜,与真人同高。

这些侍女像,因都是站立静候侍奉圣母,动作不可能有太大区别,要使其不雷同难度极大,但艺术家能依靠身姿微妙的变化和面部眉宇间的细微起伏,表现出她们年龄、性格和神态的不同,是我国古代彩塑艺术的精品。

二、丧葬陵寝中的泥塑

古代先民认为,亡灵如人生在世,同样有物质生活的需求,因此丧葬习俗中需要大量的陪葬品。为在死后仍能享有生前的生活,陪葬品中还包含人殉。随着奴隶社会的崩溃和封建社会的兴起,用大量奴隶作为人殉的习俗慢慢改为用(泥塑、木雕、铜铸)俑人来代替。从而出现模拟的人形的"俑",这在客观上为泥塑的发展和演变起到了推动作用。

秦代的兵马俑、汉代的说唱俑和唐代的唐三彩都是陪葬俑中的典型代表。如图2-2所示,陕西西安临潼的秦始皇兵马俑以现实生活为题材而塑造,艺术手法细腻、明快,手势、脸部表情神态各异,具有鲜明的个性和强烈的时代特征,显示出当时泥塑艺术的高超水平。

陪葬俑大多模拟了当时的各种人物形象,可以真实地反映当时社会的生活习俗,也是研究古代服饰制度、礼仪制度、军事力量的重要资料。如图2-3所示,出土于四川成都天回山东汉崖墓的说唱俑,利用形体夸张及人物面部表情变化来突出艺术形象,看似头大身小,躯体粗短,身材比例失调,但恰恰如此,其丰富的面部表情、醉人的表演形式,及演艺成功者的自然流露,被刻画得惟妙惟肖、恰到好处。

图 2-2　陕西西安的秦兵马俑

图 2-3　四川成都天回山的东汉说唱俑

三、民俗祭祀中的泥塑

在中国的传统民俗活动、时令节气的庆祝中,泥塑作为寓意吉祥、趋利避祸的祈福物件也经常出现。宋代时不但宗教题材的大型泥塑佛像继续繁荣,小型泥塑玩具也发展起来。许多人专门从事泥人制作。

北宋时期东京著名的泥玩具"磨喝乐"在七月七日前后出售,达官贵人、平民百姓都要在"七夕"期间买回去供奉,借此来实现"乞巧"和多子多福的愿望。南宋时期临安也有"鞭春牛"的习俗,立春当天,由临安知府手持牛鞭在泥牛身上抽打三次,作为春耕开始的象征。

　　河南淮阳也有在"人祖会"上大量捏制"泥泥狗"的习俗。这种泥制玩具,以黑色垫底饰以五彩纹饰,吹气可发出声响,其造型古朴、粗犷,具有浓重的神秘感,如图2-4所示。传说"泥泥狗"带有神灵之气,具有驱邪镇妖之功,是人们避灾、祈福争相购买的"神圣之物"。

图2-4　河南淮阳的泥泥狗

拓展阅读

　　清代时泥塑形成南北两个著名流派,北方有天津"泥人张";南方有无锡惠山泥人。"泥人张"指天津泥人手工艺人张长林,其作品以写实为特色,人物造型、音容笑貌、色彩装饰强调一个"像"字。

　　惠山泥人又可分为两类:①"泥要货"供儿童玩耍,"大阿福"是最典型的作品,其造型丰满活泼、浑厚简练,色彩明朗热烈,富有浓厚的乡土气息;②"手捏戏文"主要塑造戏曲人物,这类泥人很注重神态刻画,造型适当夸张,表现技法精练,色彩纯朴深厚,具有江南地方特色。现代著名艺人有胡新明、王忠富、于庆成等。

　　此外,陕西凤翔、山东高密、河南浚县、淮阳以及北京、河北白沟河、苏州虎丘等地也为民间泥塑重要产区。如图2-5所示,惠山泥人中的"大阿福",造型安详,眉清目秀,和颜悦色,满脸笑容,受人喜爱。因其有一段美丽的传说而深入民间,更使人们获得心理上的慰藉和精神上的鼓舞。

图2-5　无锡惠山泥塑大阿福

四、民间玩具中的泥塑

古代有民谣"孩子哭,找他妈,他妈买个泥娃娃,逗得孩子乐哈哈",可见当时泥玩具在中国古代就深受孩子们的欢迎。河北玉田泥塑就是以泥玩具为主,或者用苇哨吹气发出声响,或者用皮筋牵动动物使其能跑跃跳动,或者用动物皮作鼓等,让泥塑玩具情趣盎然。

比较常见的传统泥塑玩具有《孙悟空》《花老虎》《秦琼》《麒麟送子》等,其造型单纯奇妙、稚拙有趣,色彩鲜艳醒目,对比强烈协调。

起源于明代的泥叫虎是山东高密的一种民间泥塑玩具。泥老虎腰部断开后再用牛皮连接,儿童用手拿头和尾挤压后,泥老虎会发出响声,因此称为泥叫虎。如图2-6所示,泥老虎除了作孩童的玩具外,还因其威武的造型、鲜艳的色彩而成为镇宅吉祥物。

图 2-6 山东高密的泥叫虎

第二节 黏 土 造 型

一、黏土

泥料是泥工造型的主要材料,好的泥料应具备:①可塑性强,即增加和减少体量容易,有一定的黏性,软硬适宜,修改调整起来得心应手;②在温度和湿度变化下其物理性质可以发生变化,即能够定型并长期保持,甚至还可以还原并能反复使用;③价格低廉,取材容易。

天然黏土是传统泥塑的最基本用料,天然黏土分布极广,随处可见、随手可得,古代的手工艺人可以就地取材选择合适的泥土。但黏土由于成分的差异也有质量的优劣区分,如图2-7所示。

泥塑黏土一般选用略有黏性又细腻的土壤,在搅和、捶打、摔揉之后作为泥塑制作的

备用材料。有时也会根据作品的需要添加一些棉絮或纸草纤维,用来提高泥料的可塑性,使成品结实、不易变形。

随着新技术的不断研发,新型的手工黏土不断出现。用于幼儿园或日常手工制作的黏土种类越来越多。常用的手工黏土包括天然黏土、油泥、纸黏土、树脂黏土、超轻黏土、软陶等。

1．天然黏土

自然界中的黏土是传统泥塑的主要材料。黏土的颗粒粗细要适中,太粗则黏合力不够,容易松散;颗粒过于细腻则太黏、易开裂。选择合适的黏土是泥塑的必备条件。黏土的物理特性决定了造型和烧制后的效果和质地。瓷土细腻干净,陶土颗粒粗大,赤陶土颗粒适中,透气性能好。

2．油泥（橡皮泥）

油泥与自然黏土相比不易变干,因油泥中含有蜡的成分,在高温 30℃ 时会变得柔软,低于 30℃ 时则会慢慢变硬。制作时,可用手反复揉搓油泥,用体温使油泥变软。油泥的特点使其在制作小尺寸的雕塑作品时极为方便,受到雕塑家的欢迎。

油泥可以反复使用,硬化后的油泥置于金属容器中慢慢加温即可使其软化熔成糊状。如图 2-8 所示,专业雕塑油泥质地不能太软,颜色也不宜太艳。

图 2-7　天然黏土	图 2-8　雕塑用油泥

儿童手工活动中常常使用的橡皮泥是油泥的一种。橡皮泥色彩丰富,质地较为柔软,不易干燥,可反复使用,适合儿童立体手工活动使用,如图 2-9 所示。但与超轻黏土相比,其黏度较差,成品不易携带。

3．纸黏土

纸黏土成分包括纸浆、胶质、长石和纤维等。无须烧烤,干燥后的质感介于陶土和石膏之间,不会摔碎,可永久保存而不变形。既可雕刻,又可附着于各种物体粘贴、塑形,与石材、木材、玻璃都能很好地搭配,应用十分广泛。

普通的纸黏土为白色,干后可着颜色,水性和油性的颜料均可,如水彩、压克力、油彩,并且无毒、无味。随着工艺的发展,纸黏土更加细腻、质轻、黏度更高,可以制作比较精细的工艺品,而且出现了彩色纸黏土,是儿童雕塑课堂常用的材料。纸黏土作品风干后重量较大,有细小裂纹。如图 2-10 所示,纸黏土黏性一般,塑形后揉捏时有碎末出现。

图 2-9　橡皮泥

图 2-10　纸黏土

4．树脂黏土

树脂黏土原为白色,干后呈半透明状,性质柔软,可延展至很薄,且不易开裂,干燥后仍能保持一定的弹性,可自由地制作作品。它可塑性强,质感好,用法简单,可使用油画颜料、丙烯颜料染色,自然风干成型,如图 2-11 所示。

完成品可保持形态不变,可用于花卉、动物、人物、饰件等多种作品的制作。

树脂黏土能够伸展至很薄,做出很轻巧、自然的感觉,因此适合花卉的制作。树脂黏土也称为面粉黏土,用于制作面包花。一般树脂黏土色彩较为单一,干燥后没有光泽,作品干后可在表面染色上光,以增加美感和立体感。

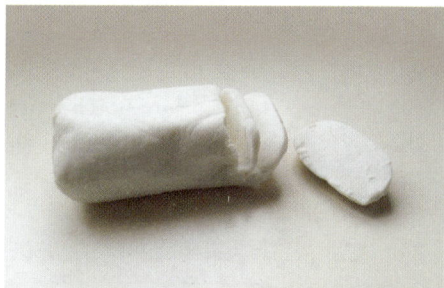

图 2-11　树脂黏土

5．超轻黏土

超轻黏土成分包括发泡粉、水、纸浆、糊剂。超轻黏土具有超轻、超柔、超干净、不黏手、不留残渣的优点。由于其膨胀体积较大,故成品极轻。超轻黏土伸展性极好,成品轻而又不易碎裂,定型无须烘烤,可自然风干,干后无裂纹。

超轻黏土作品的干燥速度取决于作品的大小,作品越小干燥速度越快,越大则越慢,一般表面干燥的时间为 3h 左右。超轻黏土与树脂黏土不同的是,其黏合力较好,可以直接在不同的零件间粘贴,同时又比橡皮泥和软陶更容易定型,是幼儿园手工制作中使用较为普遍的材料,如图 2-12 所示。

6．软陶

软陶并不是陶土,而是一种手工黏土。软陶的性能和陶土相似,烘烤前柔软,烘烤后坚硬,故命名为软陶。软陶在自然状态中不能定型,需要在烤箱或蒸锅中通过加热变硬。烘烤定型后具有优良的韧性,且不易破碎。如图 2-13 所示,软陶色彩丰富,也可自行调色,是制作小件工艺品的常用材料。

图 2-12　超轻黏土

图 2-13　软陶

二、黏土制作工具

不同的黏土造型工艺使用的工具并不相同,根据黏土的材质特点和造型方法,需要人工制作大量的手工工具。

民间手工艺人制作传统泥塑所用的工具,大多是根据其自身的使用习惯自行制作,以方便好用为宜。幼儿园泥工活动使用的成套泥工制作工具一般包括小铁刀、拍泥板、压子、刮刀、海绵等。图 2-14 展示了比较常见的几种泥工工具。

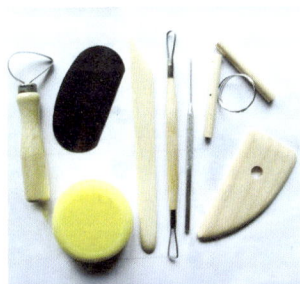

常用工具

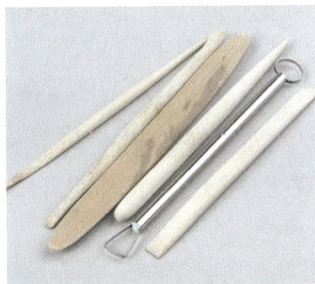

雕塑刀

塑料薄膜

喷壶

拉坯机

转台

图 2-14　天然黏土造型常用工具

根据树脂黏土、超轻黏土的特性,造型使用的工具包含泥工垫板、各类刀具、擀棒、软头笔、圆头笔、七本针、剪刀、梳子、镊子、锥子、白胶等。

如图 2-15 所示，擀棒用于将泥擀成片，软头笔用于去除泥塑上的指纹，七本针用于草坪、毛衣等粗糙材质的制作，挤泥器用于各种花形条状物的制作。

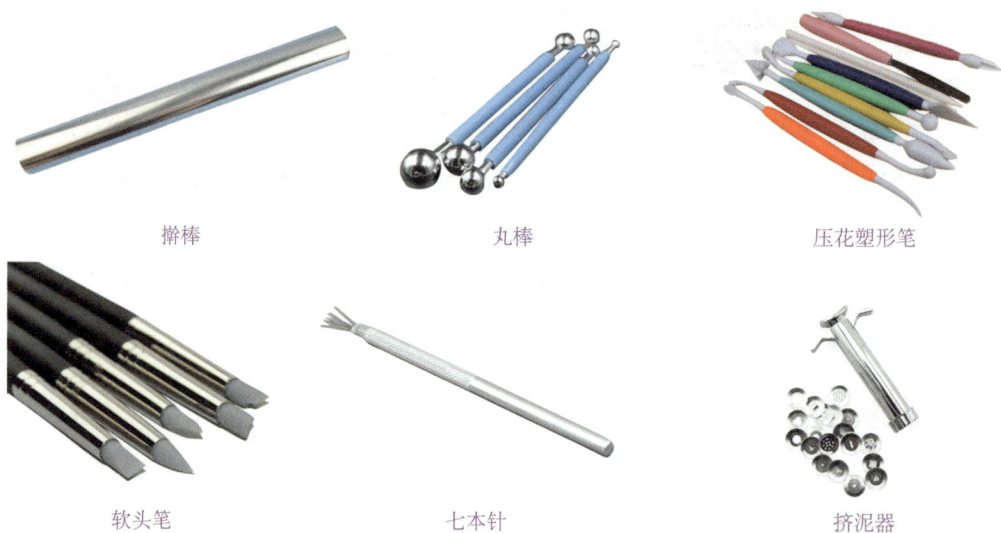

擀棒　　　　　　　　　丸棒　　　　　　　　　压花塑形笔

软头笔　　　　　　　　七本针　　　　　　　　挤泥器

图 2-15　手工黏土造型常用工具

纸黏土、树脂黏土在后期还需上色，水粉笔和丙烯颜料也是必不可少的工具。

三、黏土捏塑基本方法

1．传统泥塑工艺

泥塑是民间手工艺术中非常有特点的种类之一。泥塑一般要经过选土、晒土、过滤、和泥、砸揉、闷泥、加砂、加棉、立木、绑草、捏塑、压光、阴干、粉底、上色等十几道工序才能完成。常见的泥塑制作方法是在黏土中掺入少量棉花纤维，捣匀后捏制成各种人物、动物的泥坯，经阴干，涂上底粉，再施彩绘。

2．手工黏土造型基本动作

手工黏土造型基本动作如图 2-16 至图 2-24 所示。

图 2-16　揉

图 2-17　切

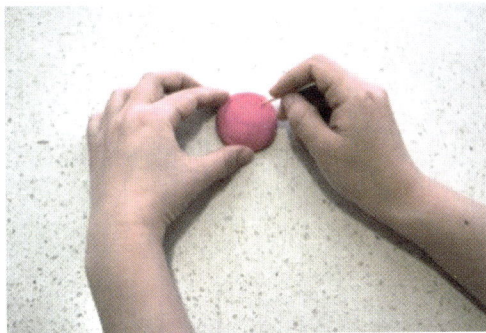

图 2-18 画

图 2-19 擀

图 2-20 插

图 2-21 剪

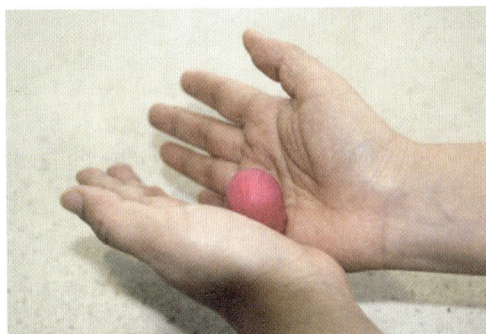

图 2-22 搓

图 2-23 斜搓

图 2-24 搓条

3．手工黏土造型步骤

第一，根据主题设计造型。通过写实、拟人、夸张等创作手法设计出合适的形象。如果是动物或人物，要考虑到动作、服装和周边环境的设计。画出尽量详细的设计草图，如果是圆雕，还需要将不同的角度都绘画出来。特别重要的细节可以通过单独的草图表现。设计要能充分展现出人物的性格特征和动作。

第二，选择材料。根据草图和用途选择合适的黏土，定格动画中的黏土形象需要完成动作关节是活动的，黏土的黏性不能过大。首饰中的黏土形象对稳定性要求较高，应不易褪色、不易碎裂、自重不大。陈设物对黏土的要求不高，但一般要求不能溶于水，易于打理。

第三，搭配颜色。单色黏土在制作后上色，有色黏土需要在制作前，根据草图搭配出合适的颜色方案，然后根据草图设计的不同，规划制作步骤和塑造方法。

复杂造型往往需要每个部分分开制作，再穿插结合成完整作品。规划制作过程时，应尽可能考虑到制作过程中会出现的问题。有的动作或造型由于重心不稳或着力面小，即使形态很小也会无法站立，前期很可能需要铁丝或木头制作辅助骨架。

第四，造型制作完成后可以对单色作品染色。水粉颜料、丙烯颜料、油画颜料都可以用于涂色。生活中化妆用的彩妆用品也可使用在人物脸部的刻画上。透明指甲油亦可以为黏土作品上光提亮。

小贴士

手工黏土制作过程中的技巧和注意事项如下。

（1）使用树脂黏土、纸黏土和超轻黏土时要注意黏土的保湿，不用时随时用保鲜膜将黏土包起或放入专用密封盒中。保持水分才能保证黏土的弹性和黏性。

（2）使用黏土时要尽量保持手部干净和干燥，为保护手部皮肤可涂抹护手霜。干燥成型后的树脂黏土、纸黏土、软陶可沾水。但超轻黏土作品忌水，遇水有掉色现象。

（3）油泥变硬后可通过增加温度使其软化再使用。超轻黏土使用的过程中，如果黏土变干不好制作时，可以加少许水，揉捏几次即可恢复柔软。但至完全风干时则无法再还原。

（4）超轻黏土湿润时黏性极强，如果粘错可尝试用剪刀剪开，切勿生拉硬扯。需通过剪刀造型时可等待黏土略干后再剪，以免粘连。

（5）手工黏土风干后不再具有黏性，如需将零件粘贴在一起，树脂黏土和纸黏土可用白胶粘贴，超轻黏土可用水粘贴。

4．超轻黏土制作案例——《兔耳女孩》

《兔耳女孩》制作步骤如图2-25和图2-26所示。

图 2-25　《兔耳女孩》制作步骤一

图 2-26 《兔耳女孩》制作步骤二

四、手工黏土造型创作方法

黏土作品创作需要对生活的细心观察和体会。生活中看到了有趣的事物都可以尝试用黏土表现出来。除了生活中的具体形象外,还可以表现传说、电影、绘画、故事中的形象。充分利用黏土丰富的表现力,可以创作出无限的黏土作品。常用的创作方法包括以下几个。

1. 写实具象表现法

参照生活中的植物、动物、人或物品,运用较为写实的表现手法,塑造生活中的具体形象,如鲜花、水果、家具等。写实具象表现法是利用模仿效果的惟妙惟肖和生动有趣感染人。该方法关键在一个"像"字,不仅是对物象形体的描摹,还要尽力表现物象的质感、光泽、颜色等。

图 2-27 和图 2-28 所示为用黏土仿制的各式蛋糕,其形态、颜色、质感都十分逼真。

图 2-27　黏土蛋糕一

图 2-28　黏土蛋糕二

2. 夸张变形表现法

夸张变形表现法将现实生活中的形象通过夸张、强调、概括、省略等手法创作出新的艺术形象。在创作过程中找到物象的特点故意加以改变,如拉长或压扁,借此抽象表现或夸张地突出某一局部,通过强调物象的某一特征,从而塑造出特殊效果的新颖形象,如创作凶猛的鳄鱼,夸张它的长嘴巴和尖牙齿;创作戴帽子的小孩,强调大草帽盖住了脸等。

印第安图腾柱造型夸张,色彩丰富,具有很强的民族特色和装饰美感。如图 2-29 所示,在具有一定厚度的卡纸上用超轻黏土塑造夸张变形的人脸图案,并用丰富的点、线和形状进行装饰。最后将卡纸的左右两边进行粘贴固定,将平面作品升级为立体作品。

3. 拟人法

拟人法是将动物、器物的形象人格化,赋予这些形象以生命的灵性或一种新的意义。毕加索的许多瓶罐造型的陶艺作品中,其造型很多来自人型,一个盘子是一张人脸,一个花瓶是一个人体。在泥工创造中可以将自己的生活经验融入泥土艺术中,创作出独

图 2-29　泥工图腾柱

具创意的作品。如图 2-30 所示,将小熊的形象拟人化成为夫妻的形象。

4.浮雕、圆雕组合法

黏土创作可以是浮雕式的,也可以是圆雕式的,更可以将二者糅合在一起,组合成新的形体。从绘画的平面思维扩展到三维立体思维,创作中加入空间概念,进行具有空间感的创作。

例如,在浮雕效果的树干粘贴圆雕的水果装饰,在平面的房子上粘贴立体的窗户、窗帘和门,等等,更具创意和立体感。运用浮雕、圆雕组合成型的表现手法,更能拓展幼儿的空间思维能力。如图 2-31 所示,浮雕效果的汽车相框上粘贴了立体的蘑菇和后视镜,浮雕和圆雕结合让作品更具趣味性。

图 2-30　黏土玩偶

图 2-31　黏土相框

5.综合材料法

将不同色彩、不同肌理、不同质感的材料进行有机组合,可以充分利用不同材料的特点形成新的艺术面貌。例如,将黏土粘贴在木头或石头上,为自然材料添加生动的情趣；同布料、绳索、纽扣、麻绳等材料结合,不同材质间的对比和修饰往往能产生令人惊叹的

艺术效果。

多种材料之间的形态和色彩处理恰到好处会与整体形态互为衬托,相得益彰,形成一种多维的视觉效果。如图 2-32 所示,泥土画装饰的花瓶优雅又绚烂。如图 2-33 所示,黏土女孩麻绳质地的头发更形象地表现出卷发的形态和质感。

图 2-32　黏土装饰花瓶　　　　　　　　　　　　图 2-33　黏土女孩

五、手工黏土作品欣赏

1．国外手工黏土艺术家作品欣赏

1）Irma Gruenholz 作品

西班牙女插画家 Irma Gruenholz 既是插画家,也是黏土玩偶设计师。从她创作的黏土插画作品中不难看出,她把黏土与插画巧妙地结合在一起。

如图 2-34 至图 2-37 所示,Irma Gruenholz 通过组合让单个的黏土形象形成了一幅幅有情节、有故事的画面,形象变得更为鲜活、生动,富有生命力。她善于将黏土与不同材料结合,她将作品拍成高清晰度图片,用于图书、杂志、广告等项目。

2）Flor Panichelli 作品

Flor Panichelli 是阿根廷出生的意大利女艺术家。2008 年移居德国后创建了Sweetbestiary（甜蜜动物预言）工作室。如图 2-38 至图 2-41 所示,她的手工黏土作品犹如从寓言里走出的人物,色彩雅致温暖,趣味盎然,但又有一种神秘的气质,让人过目难忘。

2．学生作品欣赏

学生作品欣赏如图 2-42 至图 2-57 所示。

图 2-34　黏土插画一（Irma Gruenholz）

图 2-35　黏土插画二（Irma Gruenholz）

图 2-36　黏土插画三（Irma Gruenholz）

图 2-37　黏土插画四（Irma Gruenholz）

图 2-38　黏土玩偶一（Flor Panichelli）

图 2-39　黏土玩偶二（Flor Panichelli）

图 2-40 黏土玩偶三（Flor Panichelli）

图 2-41 黏土玩偶四（Flor Panichelli）

图 2-42 油泥动画玩偶（郭英豪）

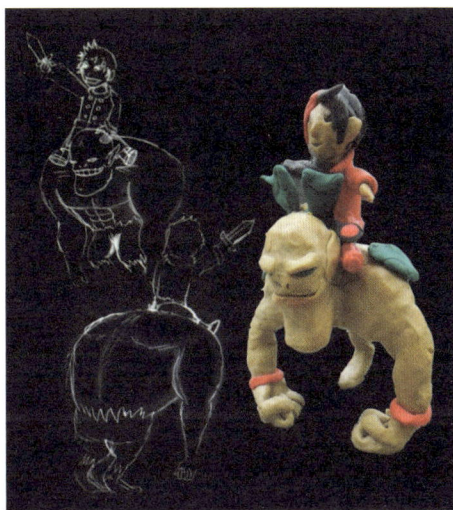

图 2-43 油泥动画玩偶（宋光悦）

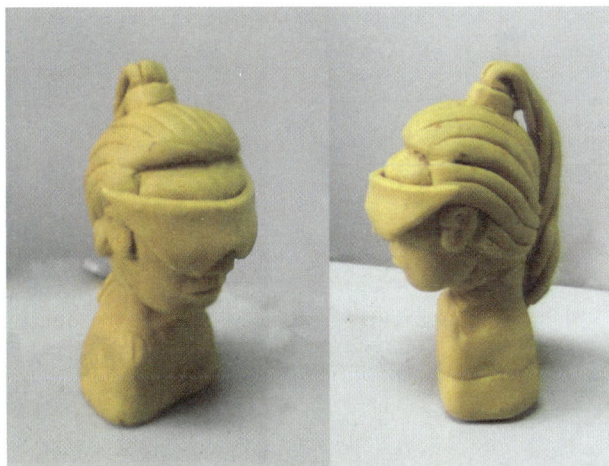

图 2-44 油泥动画玩偶（杨秋凯）

图 2-45　油泥动画玩偶（杨秋凯）

图 2-46　油泥动画玩偶（王亚楠）

图 2-47　天然黏土作品——力士

图 2-48　天然黏土作品——怪兽

图 2-49　超轻黏土作品——圣诞主题蛋糕

图 2-50　京剧人物形象花瓶（刘平）

图 2-51 超轻黏土作品——
玩偶一

图 2-52 超轻黏土作品——
玩偶二

图 2-53 超轻黏土作品——
玩偶三

图 2-54 超轻黏土作品——
玩偶四

图 2-55 超轻黏土作品——
玩偶五

图 2-56 超轻黏土作品——
玩偶六

图 2-57 超轻黏土作品——《冬》(张海霞)

第三节 泥 工 教 学

一、泥工的教育教学价值

泥土看似无声无息,却充满了灵性与生命力。玩泥是幼儿的天性,幼儿通过揉、搓、捏、插、压等动作锻炼手部小肌肉,逐渐增强眼、脑、手的协调能力。黏土是幼儿发挥想象力和创造力的载体,与在平面上呈现的绘画方式相比,泥塑的表达方式更易于幼儿操作和表达。

幼儿初玩黏土时常常不会提前思考要把它做成什么,而只是体会把玩变形的乐趣。这种因偶然而产生的变化,在他们面前呈现出与原来物体迥然不同的形象,这对于幼儿来讲是既新鲜又惊奇的体验。

幼儿对于黏土的变化和手的触感都会表现出很大的兴趣,因此会反复地把玩揉搓。而后逐渐凭直觉了解手指动作与黏土变形之间的相互关系。慢慢地,幼儿将不再满足偶然的造型而是进一步钻研、思考如何将黏土制作成他想象中的样子。在这个过程中孩子的艺术创作力将得到很大的提高。

黏土在幼儿的手里变幻是游戏,也是创造,是幼儿动脑、动手,体验创造能力的一种有效的活动方式。玩泥土可以让幼儿轻松、愉快地随意发挥,尽情表现自己的情感和创意,将天真烂漫的性格注入粗犷的造型;而宽松自由的创作环境,又能让幼儿把独具个性的空间思维,通过泥土这种媒介,表达对生活的感受,获得情感的宣泄,实践创作的自由,体验创造的快乐,促进创造力的提高。

黏土让孩子用双手和幼小心灵去发现美、体验美、表现美,是实施幼儿美育、提高审美情趣的有效途径。教师在建构泥塑课程时,应充分考虑材料的特性,注重凸显泥塑活动本身独特的教育价值,在达成艺术教育目标的同时,起到促进幼儿空间知觉以及大小肌肉协调发展的作用。

二、泥工教学案例

当幼儿通过自由地玩陶泥,随意地运用捏塑、拍打、揉、搓等动作进行创作所获得快乐的同时,也是手、眼、脑协调互动的过程。幼儿的智力发展起源于动作,而玩黏土的整个过程不仅可以开发幼儿的智力,还可以发展他们对事物的感知力、观察力和创造力,提高幼儿的动手能力和艺术欣赏能力。

幼儿园小班手工活动——泥工面条

1. 活动目标

(1)通过玩泥活动让幼儿体会动手操作的乐趣,喜欢手工制作。

(2)让幼儿初步学会用橡皮泥操作,练习搓的动作,锻炼幼儿小肌肉的灵活性。

2. 活动准备

橡皮泥、小盘子。

3．活动过程

（1）故事导入。有一个小朋友叫默默。在一个非常寒冷的冬天的夜晚,有一位老奶奶敲响了默默家的门。天已经很晚了,可是老奶奶还没有吃饭。老奶奶好想吃上一碗热乎乎的面条。默默想给老奶奶做,可是却不知道该如何做,小朋友想帮助她吗? 今天就让我们一起给老奶奶做一碗面条吧。

（2）说一说。让幼儿自己思考面条是如何制作的,说出自己的方法。

（3）做一做。给幼儿发橡皮泥,幼儿动手操作实践自己的方法；指导幼儿将做好的作品放在桌子中间的盘子里。

（4）欣赏评价。引导幼儿说出自己的制作方法；帮助幼儿总结经验,肯定幼儿的手工作品效果；教育幼儿帮助他人,体验快乐。

4．活动延伸

（1）让幼儿搓一搓,还可以搓出哪些形态的物品或动物。

（2）泥条的千万种变化。

教学建议

玩泥是幼儿的一种自发的游戏。在玩泥的过程中,幼儿可以体会到自身能力和力量的变化,捏塑后的造型也承载了幼儿丰富的想象和情感,幼儿可以在玩泥的过程中感受到极大的愉悦。泥工也是立体手工艺中的重要代表,是幼儿发展空间思维能力的重要途径。

创造机会,让幼儿充分接触不同的泥工材料和泥工工具是幼儿掌握和探索泥工技法的主要方法。

小班幼儿在塑造技能上处于体验、感知泥土的阶段。由于这个年龄的幼儿手部小肌肉的发育不够成熟,认识能力也有限,所以他们在塑造时往往没有明确的目的。到小班的后期,这种无目的的动作会逐渐呈现出有意识的尝试。

幼儿依据自己日常生活中观察到的实物和玩具有目的地设计一些简单的物体形象。依据小班年龄幼儿的塑造特点及水平,教师应更多地为其提供充分的活动材料和玩耍的机会,抓住幼儿感兴趣的事,以游戏的形式开展,鼓励幼儿大胆地操作、感知泥土。选择形态较为简单的事物,比如,"请小兔子吃饭"等制作简单的水果、面条类的事物,着重锻炼幼儿团、搓、压的能力。

幼儿到中班开始具有立体造型的最初意识。但中班初期,幼儿往往还不能制作立体的物象,他们常以图画形式、浮雕形式去表现事物。到中班后期,由于幼儿对事物的观察、了解、概括能力的提高,以及幼儿的手部精细肌肉的发育和手眼协调能力的增强,加之掌握了基本手工工具和材料的使用方法,幼儿开始会用合成的方式组合一些复杂的物体。

这时的泥工课程可以同绘画课程相结合,将儿童绘画中呈现的物象立体化、成品化。在教学活动环节的设计中注重观察和体验环节的设计,充分预留幼儿观察、体会物象的时间,启发幼儿从不同的角度观察物象,鼓励幼儿运用塑造的方法表现自己喜欢的

事物,启发幼儿抓住主要特征进行塑造。

活动结束后,要关注泥工作品的展示和陈列环节,让幼儿充分体验成功的快乐,使幼儿在探究中相互学习,共同提高。中班泥工活动可着重锻炼幼儿捏、捻、揉等动作,并利用工具进行物象穿插组合的练习。

随着年龄的增长和知觉经验的发展,大班幼儿的造型能力、对客观事物的概括能力、立体感的表现能力都逐步发展起来。这一时期,由于幼儿手部精细肌肉的发育,手眼协调能力增强,能熟练地掌握一些基本的手工工具和材料的使用方法,因而他们表现的欲望会非常强烈,喜欢用泥塑表达自己的意愿和情感体验。他们所塑造的人物和物象不仅精细,甚至根据表现要求设定了动作、神态和外形特征。

大班后期,幼儿的大脑功能不断趋向成熟,手的小肌肉群得到进一步发育,因此他们能够比较完整地表现出物体的主要部分。为了提高大班幼儿泥塑水平和表现事物内在的精神内涵,教师在选择塑造内容时尽量选择儿童喜爱的、熟悉的物象,也可以选用他们在动画片或故事绘本中出现的、想象的、夸张的、科幻的形象。

要不断地引导幼儿深入观察物象,深刻理解人物的表情、动作、神态,感受各种造型的不同表现能力。对传统或现代的泥工作品的欣赏无疑也是提高幼儿泥工表达能力的又一途径。

同其他手工活动一样,幼儿泥工能力的发展同样受到幼儿身体和心理发展的制约,并伴随幼儿立体知觉能力和知觉经验而逐渐发展。对于不同年龄的幼儿来说,由于个体成熟程度、生活环境以及教育上的影响不同,个体所表现出的差异也不一样,教师应了解每个幼儿的发展进程,进行有针对性的指导。

受条件限制,大部分的幼儿园没有真正意义上的陶艺活动。所以,本章没有对泥工中的陶艺部分进行介绍,有条件的学校可开设陶艺教学。

本章小结

本章介绍了泥塑发展的历史和不同类别的泥塑。根据幼儿园泥工活动所用材料的特点,介绍了多种多样的黏土、制作工具和制作方法。

掌握多种泥工技艺,不仅有益于幼儿园教师设计丰富多样的幼儿园手工活动,也有利于幼儿园环境的创设、玩教具制作等幼儿园其他工作的开展。泥工课程也可与其他课程（如雕塑、综合材料等）结合开设。

讨论与练习

(1) 传统泥塑分为哪几类?请通过小组讨论描述自己见过或学过的泥塑,并说出其造型、制作工艺或使用方法上的特点。

(2) 小组讨论,日常生活中还有哪些材料可以用于捏塑造型?

（3）请用黏土材料为区域活动中的"娃娃家""小饭店"制作蔬菜类材料。

🖍 实践课堂

"大师的画"是幼儿园美术活动的常见主题。这类活动可以融合美术活动中欣赏、绘画、手工三种类型，设计成系列活动。

（1）西班牙画家米罗的作品因其造型简洁、色彩单纯、富有梦幻气质而被大量引入学前美术教学活动中（图2-58）。请找到米罗绘画作品的特色，并设计相关主题的欣赏课程。

图2-58 米罗绘画作品

（2）请尝试设计一个以"米罗爷爷的世界"为主题的泥塑课。在带领幼儿欣赏米罗的作品后（图2-59），引导幼儿将平面的绘画作品转化成为立体的泥塑作品。

图2-59 立体米罗泥塑

第三章

布 艺

技能要求

(1) 了解传统布艺的历史和特点。
(2) 掌握不同布艺的功用及制作方法和技巧。
(3) 熟悉布艺在幼儿园活动中的教学意义和教学思想。
(4) 形成热爱和传承传统文化的意识。

学习导语

布艺作为民间文化系统中必不可少的一部分,在衣食住行、风俗信仰、礼仪禁忌中超越了自身的艺术价值而传承着深刻的、丰富的、独特的文化内涵。

作为女红文化的艺术载体,对生活的感知不仅表现在技术层面,更是在精神的层面理解和阐释布艺的本真。传统文明不仅维系着物质层面的穿衣、吃饭,更是维系着精神层面的观念、价值。

在文化视野下所延伸的制度、风俗、习惯等构成的精神文化,归根结底都源自于表现大众的心灵和情感的动机。正如吉尔兹所说:"艺术性表现的千姿百态的实质是源于人们对世事方式概念理解的千姿百态,事实上,它们是契合的。"因此,脱离了文化就很难理解布艺的文化内涵。

第一节 民 间 布 艺

布艺,又称布扎,是以布为原料,集民间剪纸、民间刺绣、民间绘画、民间泥塑、民间面花等制作工艺于一体的综合艺术,它是通过剪、缝、绣、贴、扎、拔、缠、纳、叠、镶等技法制作的一种布饰手工艺品,被誉为"母亲的艺术"。

民间布艺作为农村大众生产生活、衣食住行、人生礼仪以及信仰禁忌中不可缺失的组成部分,在整个民间美术体系中有着举足轻重的地位。

一、民间布艺的表现内容

1．人之初生，祈福新的生命茁壮成长

民间布艺蛙儿枕、双鱼枕就是隐喻人从神祇动物和人格化神的母体出生。小孩从出生、满月、周岁，枕的虎头枕，头上戴的虎头帽，脚上穿的虎头鞋，手上戴的虎袖头都具有吉祥之气，祝愿小儿生气如虎、健康成长、出人头地，如图 3-1 和图 3-2 所示。

图 3-1　虎头枕（图片来源于网络）

图 3-2　虎头帽（图片来源于网络）

2．婚俗象征，人类繁衍，生生不息

鱼、蛙、蝉、葡萄、莲花、葫芦等作为多子象征的神祇动物和神祇植物，以其隐喻子孙繁衍一直是民间布艺中常用的文化符号。鱼莲童子、帐内坠花、葡萄针葫芦、金鱼墨线袋、合枕顶、香囊（俗称香草袋、香包）、鞋垫等布艺中的神祇符号都象征多子、繁衍生息之寓意，如图 3-3 和图 3-4 所示。

图 3-3　八子抱福（图片来源于网络）

图 3-4　连年有余

3．丧俗祭奠，即死者灵魂不死、生命永生

民间布艺中的鸡枕、元宝枕、寿鞋（俗称送老鞋）、寿裙等均有喻逝者灵魂升天、灵魂不死之意，祈祝灵魂平安，游魂回归故里。

二、民间布艺的艺术特点

民间布艺在产生、流传、发展和演变的过程中，其制作与创作以广大劳动者的共同生产生活为基础，反映民间大众的理想观念和审美情趣，融合了民间大众的创作和艺术才能。

1．象征性

民间布艺具有丰富的象征性，它充分利用某种符号、某种事物、某种颜色，利用形状、图案、谐音、联想等手段象征某种寓意。"图必有意，意必吉祥"就是对其象征性的最好概括。如图 3-5 所示，肚兜上绣的是牡丹、荷花、凤凰等，象征富贵、和美、生生不息……如图 3-6 所示，这个肚兜叫婴孩五毒肚兜，上面绣的是蜈蚣、蝎子等五种动物，其寓意是祝愿孩子平安活泼、免灾驱疾。

图 3-5　肚兜　　　　　　　　　　图 3-6　婴孩五毒肚兜（图片来源于网络）

2．地域性

制作民间布艺的劳动者所处的自然环境、社会状况、历史渊源以及自身所具有的观念、方式、技艺等主观因素的不同，决定了民间布艺具有明显的地域性。既不炫耀制作技巧，也不矫揉作态，而是凭着自己的智慧和制作技能进行创作，带有很大成分的生活原型特点，它远比其他民间艺术更贴近现实生活。

3．质朴性

民间布艺具有就地取材、即兴而作、相机而生的艺术特点。民间布艺虽没有过多的雕琢、修饰，却保持着简单、质朴的随意性。

三、民间布艺与民俗文化

民俗文化作为一种常见的社会文化现象,是民间大众的风俗文化生活的统称。泛指一个国家、民族、地区的民众所创造、共享、传承的风俗习惯。它源自于民众的生活、习惯,并在情感、信仰上贴近于大众、依附于大众,同时又在传承和演绎中影响着民间大众的精神信仰、生活习惯,并在风俗活动中扮演着非常重要的角色。

1．大部分民间布艺都在民俗习惯和民俗活动中产生

很多地区流传着避五毒之俗,做母亲的必须在每年农历五月初五端午节之前,赶制出绣有蝎子、蟾蜍、蜥蜴、蜈蚣、蛇五种毒虫形象的鞋、小儿裤、裹肚等布艺制品,给孩子穿在身上,以避毒趋吉、消灾免祸。

端午节,老人佩戴在腰间、青年人系在衣襟、幼儿挂在脖颈上的香囊隐喻着炎夏将至,毒虫复苏,以毒攻毒,防虫防病,保佑平安。

如图3-7和图3-8所示,这些被传承下来的香囊(有三鱼香包、青蛙香包等艺术样式)、五毒鞋、裹肚、牛兜裤等艺术样式都来源于民俗活动,并在民俗活动中得以发展和演绎。

图3-7　五毒蛙

图3-8　五毒虎

2．民间布艺依附于民俗传说、民俗观念、民俗活动来进行艺术创作

古代就有"天开于子"的说法,"子"就是老鼠。说的就是上古时期天地混沌,老鼠咬破了混沌,使得天地分开,有了太阳,万物才开始萌发。

如图3-9和图3-10所示,民间布艺老鼠娶亲就源自于老鼠嫁女的民间故事,其灵感的触点就是对聪明伶俐的老鼠所赋予的感情。总体而言,大部分民间布艺都是依附于民俗文化。

3．民间布艺作为民俗文化的艺术载体,承载着传播民俗文化的重要作用

端午节相互赠送的香囊中三角形所组成的六面体以及称为"龙畏五色丝"的五色绳,端午节五毒之俗中的五毒鞋、裹肚、牛兜裤,婚俗中的合枕顶、帐内坠花、上轿鞋以及幼儿生活中的布老虎等都是民俗风情和民间传说的艺术载体,在民俗文化的传承和留存中起着相当重要的作用。

图 3-9　布艺老鼠

图 3-10　蜡染《老鼠嫁女》（图片来源于网络）

四、民间布艺与宗教文化

宗教文化是人类社会发展进程中的特殊文化现象，是人类传统文化的重要组成部分，影响着人们的思想意识、生活意识、普遍心理，在每一个民族的发展过程中都会存在。

道教的"天地与我同根，万物与我同体""天人合一"以及佛教的"佛向性中作，莫向身外求"深刻地影响着民间大众的思想信仰。民间布艺作为民间大众的创作形式，无疑在自然崇拜、图腾崇拜、生殖崇拜中蕴涵着宗教文化的影子。

民间布艺的内容有些就是源自于宗教题材。通过分析流传至今的小褂儿、小花被、椅垫、挎饼及百家衣等民间布艺可以看出，与佛教的僧服"百袖衣""福田衣"以及寺庙用品蒲团有着千丝万缕的联系。

民间布艺图腾文化中的天帝、龙、凤以及五毒服饰中"抬头喝藤黄，低头见阎王"的黄色也与宗教文化和宗教信仰相联系。

宗教文化的影子自始至终伴随着民间布艺的传承。比如，民间布艺中创造的天帝、龙、凤、虎等图腾和香囊、五毒鞋、合枕顶、鸡枕等都是寻求心灵安慰和精神升华的需要。

五、民间布艺与传统哲学

在传统哲学漫长的历史中，伴随着华夏文明积淀下来的哲学思想就像血液一样默默地流淌在每一个华夏子孙的血脉之中。民间大众也许没有很高的知识水平、认知水平，但是作为土生土长在这片大地上的一员，与生俱来就印刻着一种朴素的哲学思想，而这些传统思想就是民族的魂魄、文化的精髓、艺术的沃土。

传统哲学作为一定的世界观，必然要对艺术创作活动产生影响，而艺术不但要反映一定的哲学观念，并且给一定的世界观的形成以积极的影响。

民间布艺中的传统哲学思想不仅影响了民间布艺的表现内容，更影响了民间布艺的外在形式。民间布艺五福捧寿、双福双寿、寿裙等作品中将忠、孝、礼、义以及"百德孝为先"的传统哲学思想表现得淋漓尽致。

布老虎、五毒鞋、玉兔鞋等民间布艺作品中的造型都是正面，两只眼睛都会出现，根本不会出现侧面或半边不完整的造型。就连门帘坠花、帐内坠花以及衣架杆两头的挂件

等民间布艺作品也要讲究对称,这些都是民间布艺中崇尚完整的完美性造型观念,即对称、阴阳、和谐等传统哲学思想在艺术载体中的体现。

第二节 布艺制作方法

布艺的制作技巧和方法十分丰富,因时因地而变化,常见的方法有粘贴、缝制、填充等。

一、粘贴

粘贴是布艺制作过程中经常使用的技巧。如图 3-11 和图 3-12 所示,过去人们用面粉制作成糨糊将布一层层粘贴,制成厚厚的裱褙,用来制作鞋垫、绣球、鞋帮等。

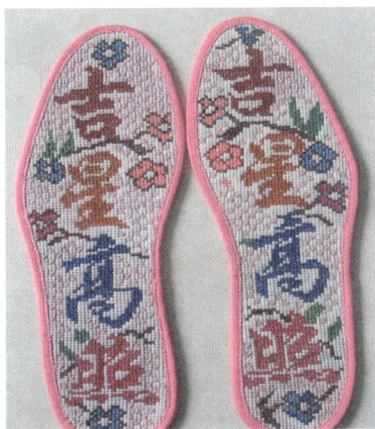

图 3-11 鞋垫

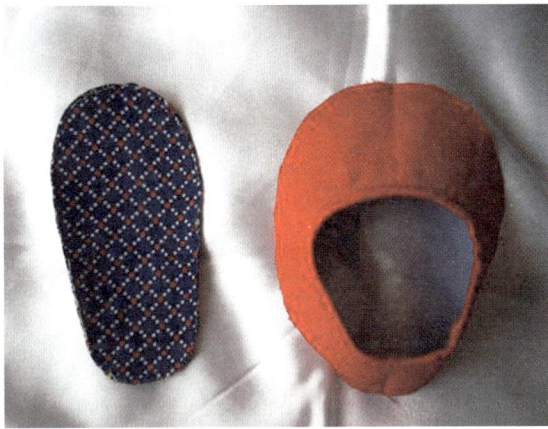

图 3-12 鞋底、鞋帮

✏️ 小贴士

裱褙是指将书、画或其他展示物品贴在衬垫物上借以加固或供陈列。民间用相似的方法把布头用糨糊层层粘贴,晾干后就变得很厚、很硬,根据需要再进行裁剪、制作和装饰。

二、缝制针法

缝制是布艺制作的主要技法,如拼合、锁边等。一些常见的布艺主要靠穿针引线完成,布艺制作的针法多种多样,使用什么针法,要根据制作的作品形式的不同进行选择。

1. 攻针

攻针,又称拱针,可缝制两层或多层的布片,是手工缝纫最基本的方法。如图 3-13 所示,一上一下,从右向左按照预定的线路,连续的、针距均匀地向前进针、挑针,然后再将针脚均匀拉平即可,如图 3-14 所示。

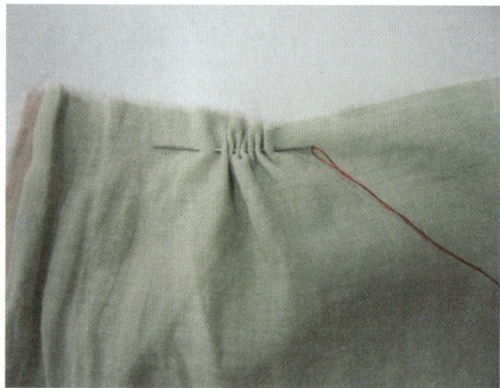

图 3-13　攻针

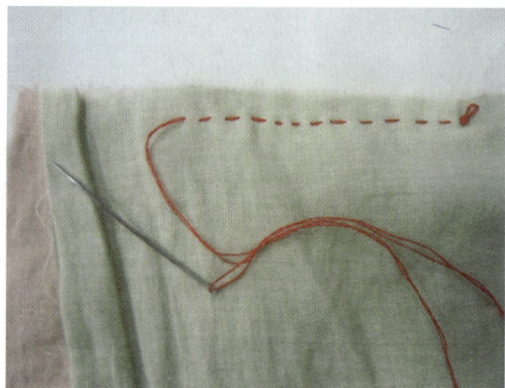

图 3-14　连续的、针距均匀地向前进针、挑针

✏️ 小贴士

在进针过程中,左手大拇指与食指保持在离针尖 1 ~ 2 个针距处,随着进针,左手不断向后移动,操作时可一次一针也可一次数针后一次抽线。

(1) 将线打结之后,由布的一端距边缘 2mm 处反面入针,如图 3-15 所示,将线抽拉至结与布紧密贴合,如图 3-16 所示。

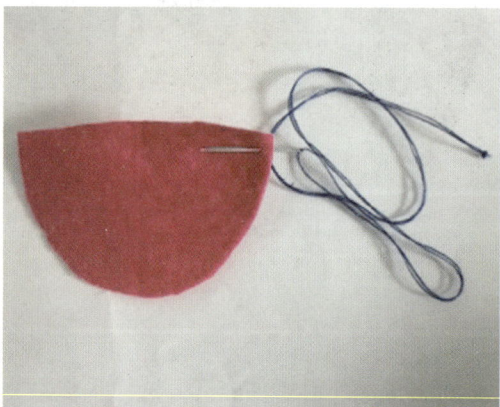

图 3-15　反面入针

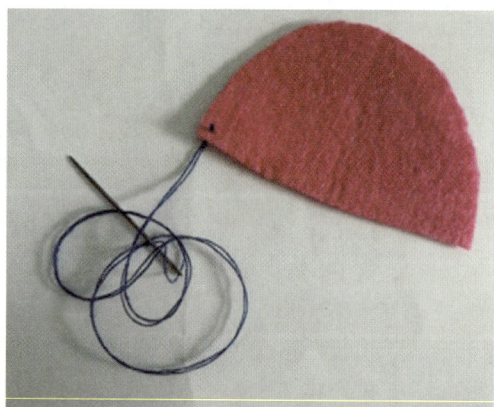

图 3-16　将线抽拉至结

(2) 距离上一针 3mm 左右的地方入针,开始缝制第二针,如图 3-17 所示;将线抽拉至与布紧密贴合,如图 3-18 所示。

(3) 在距离第二针 3mm 左右的地方出针,将线抽拉至与布紧密贴合,如图 3-19 所示。重复上述动作,完成剩余部分的缝制,并将线紧贴布的反面打结,然后用剪刀剪掉多余的线,如图 3-20 所示。

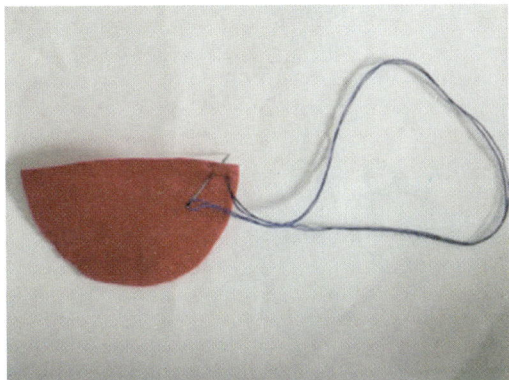

图 3-17 缝制第二针

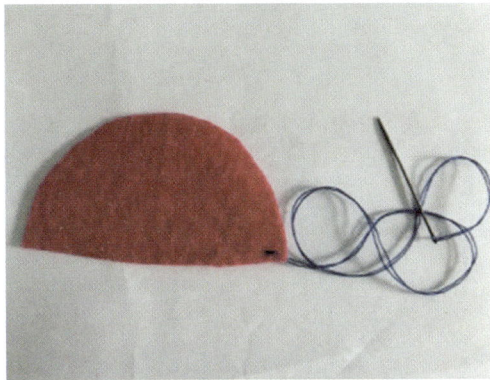

图 3-18 将线抽拉至与布紧密贴合

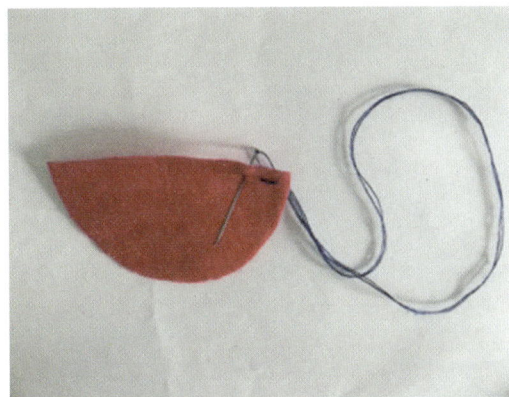

图 3-19 缝制第三针

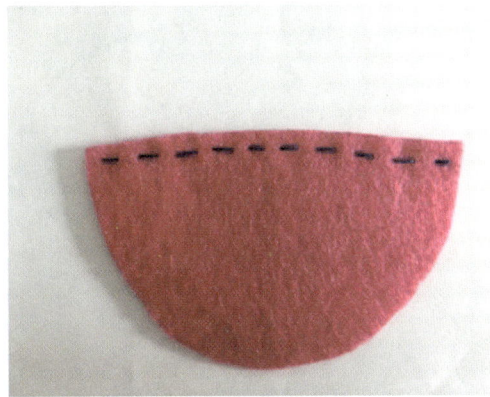

图 3-20 缝制完成后打结并剪掉多余的线

小贴士

在缝制过程中要注意针脚（两针之间的距离）尽可能长度均匀,线与布贴合度好且布面平整,所有针脚与边缘之间的距离一致,以保证美观。

2．卷针缝

（1）将线打结之后,由布的一端距边缘 2mm 处反面入针,如图 3-21 所示,将线抽拉至结与布紧密贴合,如图 3-22 所示。

（2）在距离第一针 3mm 处继续由布的反面入针,如图 3-23 所示,将线抽拉至与布紧密贴合,如图 3-24 所示。

（3）重复以上步骤,待缝合结束后在布的背后打结完成,如图 3-25 所示。

3．锁边缝

（1）将两块布对整齐,针从两块布之间距离边缘 2mm 处向正面布入针,收紧线,将线头藏于两片布之间,如图 3-26 所示。

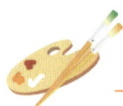

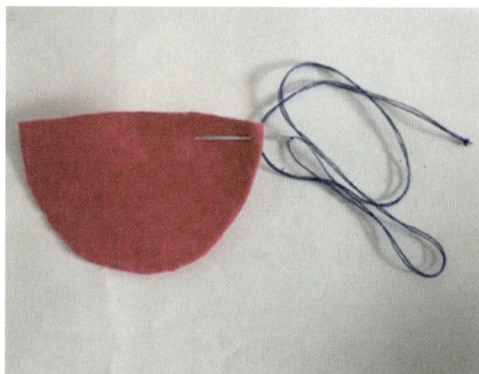

图 3-21　缝制第一针

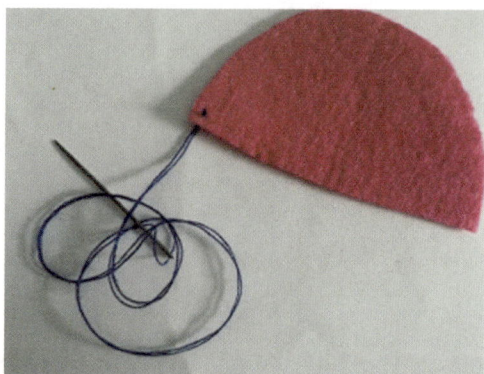

图 3-22　抽拉线至与布紧密贴合

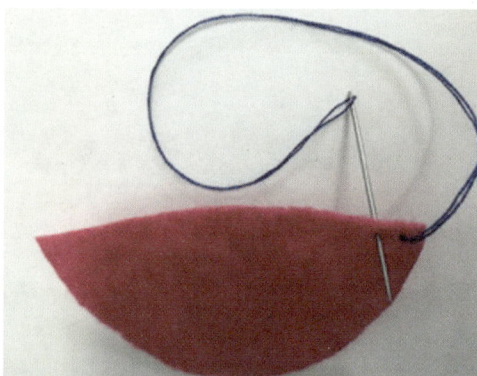

图 3-23　缝制第二针

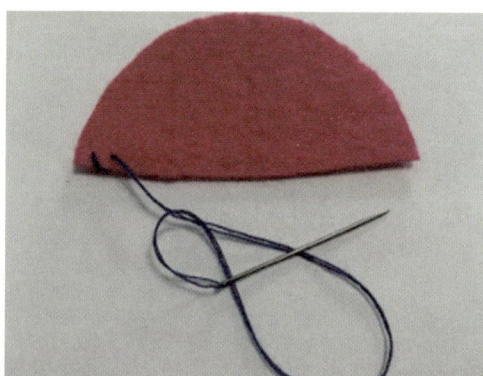

图 3-24　抽拉线至与布紧密贴合

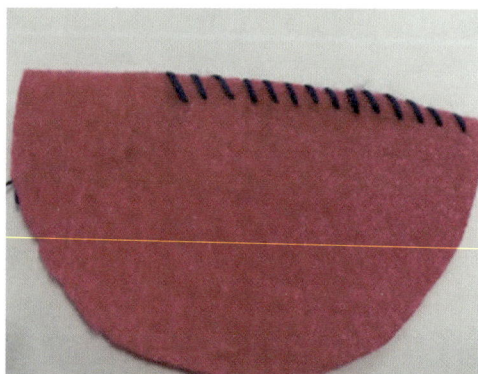

图 3-25　缝制结束在布的背后打结完成

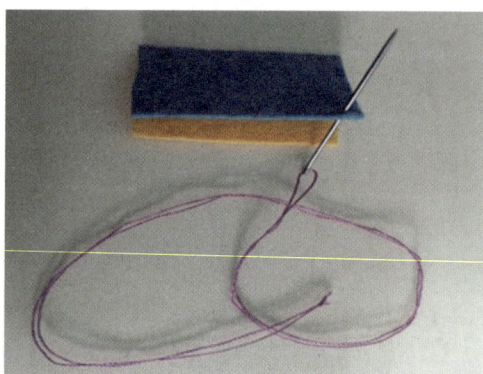

图 3-26　从正面入针

（2）将针由布的正面出针口入针（针同时穿透两块布），形成一个线圈，如图 3-27 所示。

（3）针穿过线圈，收紧，第一针完成，如图 3-28 所示。

（4）重复以上针法步骤，完成剩余锁边任务，如图 3-29 和图 3-30 所示。

图 3-27　入针后形成线圈

图 3-28　针穿过线圈并收紧

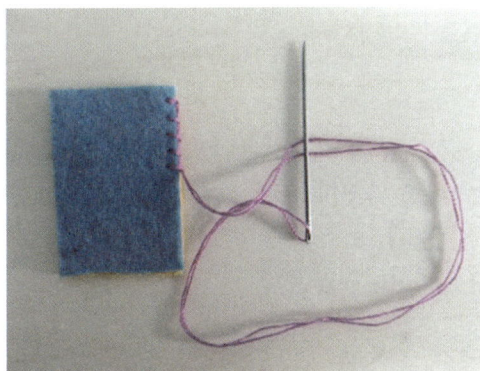

图 3-29　重复针法步骤

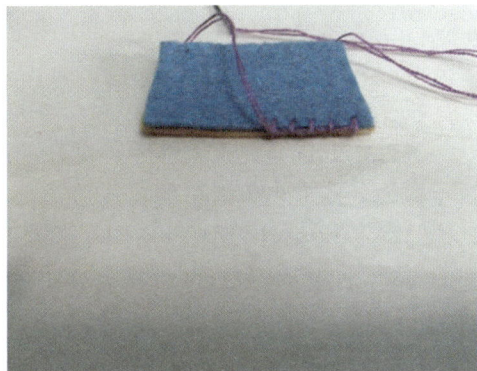

图 3-30　锁边完成

4．回针缝

（1）将针打结，从布的背面入针，如图 3-31 所示。

（2）在距离第一针 3mm 处入针，如图 3-32 所示。

图 3-31　从布背面入针

图 3-32　缝制第二针

（3）重复第一步，在距离第二针 3mm 处出针，如图 3-33 所示。

（4）将针回到上一针线迹的地方入针，如图 3-34 所示。

图 3-33　第三针出针

图 3-34　回到上一针线迹处入针

（5）重复以上步骤,使布的表面形成一条没有间隔的直线,回针缝完成,如图 3-35 所示。

5. 撬针

撬针用于将布片重叠部分缝制在一起,正面露出明显的线迹,多用于不偏的贴边以及一般暗处的缝合。撬针的操作方法：先把布的毛边向反向折叠 0.5 ~ 0.7cm,再折上贴边的宽度,针从外向里、从右向左上方斜缝,一般在上层出针的部位向前 0.3cm,挑起下层的布丝,然后再以 0.2cm 的距离缝纫,使两者缝合,如图 3-36 所示。

图 3-35　回针缝完成

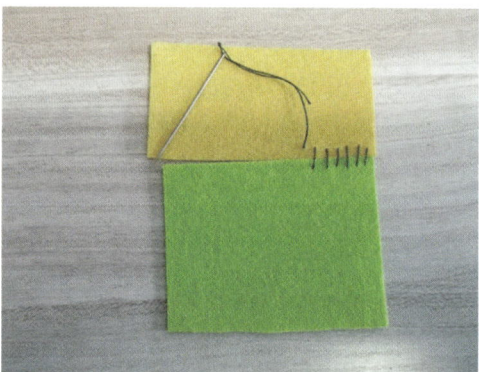

图 3-36　撬针

6. 钉纽扣

在布偶制作过程中,钉纽扣主要为了制作眼睛。纽扣通常分为实用扣和装饰扣,一般有四眼扣、双眼扣、背面单眼扣等。四眼扣钉好后正面呈"X"形或"="形,根据需要还可以钉成其他形状；二眼口钉好后正面呈"一"字形；一眼暗扣正面看不到线迹。

　小贴士

反口：在缝制布艺作品中,很多时候需要把布料反着缝制,最后留一个小口不缝,把所有的布料从这个小口中抽出来,叫作反口。

三、填充

填充是布艺制作中常见的技艺。布料本身不易成为立体形态,填充材料可使之成为立体的玩偶或装饰等物。布艺中的填充物多种多样,常见的有棉絮类,如棉花、羽毛;或者是颗粒类,如各类谷物或种子。

第三节　布　贴　画

布贴画,原名宫廷补绣,又叫布堆画、布贴花、布摞花,还叫拨花。底子多用白色,也可用其他颜色,根据所要表现的内容而定。布贴画色彩丰富鲜艳,剪贴的边线明朗、整洁,具有木刻版画的特点。

一、布贴画制作方法

布贴画种类较多,常见的为工艺美术布贴画,其做工考究、耗时长,具有一定的艺术价值。民间艺术中的布艺贴画大多数为私下民间流传。儿童手工作品简单明了,其制作的具体步骤有构思、裁剪、粘贴、装裱等。

二、儿童布贴画的制作范例

1. 布料直接剪裁粘贴

布贴画《下雨啦》的制作步骤如下。

(1)把布料按照设计剪成需要的图形,包括大树(树头、树干)苹果、蘑菇伞(伞帽、伞柄),以及云朵、雨滴等,如图 3-37 所示。

图 3-37　步骤一

(2)将剪好的图形按照设计进行粘贴,形成初步的画面,如图 3-38 所示。

(3)可以根据构图制作添加背景,完成画面如图 3-39 所示。

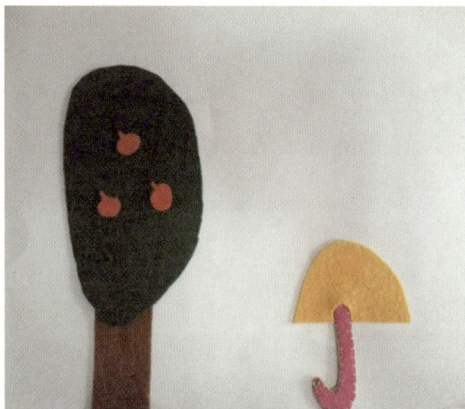

图 3-38 步骤二

图 3-39 《下雨啦》完成图（兰泊言 5 岁
指导教师 段健丽）

2. 把布料裱褙后进行制作

（1）构思，设计小稿。

（2）在卡纸上把图形画下来并且依形裁剪。

（3）把布料裱褙在卡纸上，这样制作出来的作品更加平整、结实、有立体感。

（4）根据设计稿进行粘贴制作。

（5）添画背景，完成后如图 3-40 和图 3-41 所示。

图 3-40 《鱼缸》（兰泊言 5 岁
指导教师张小荣）

图 3-41 《仙人掌先生》（杨一帆 5 岁
指导教师张小荣）

三、学生作品欣赏

学生作品欣赏如图 3-42 至图 3-47 所示。

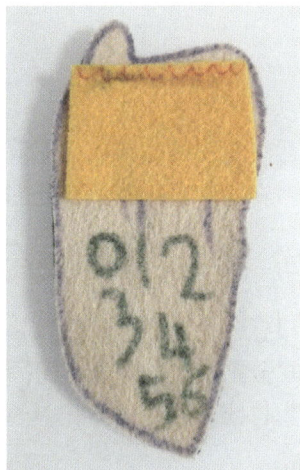

图 3-42　《娃娃》（兰泊言 5 岁　指导教师段健丽）

图 3-43　《手机》（刘奕果 5 岁　指导教师段健丽）

图 3-44　《气象站》（实习生岳世豪）

图 3-45　《规则墙》（实习生任美慧）

图 3-46　《小猪佩奇》（实习生李欣悦）

图 3-47　《动物乐园》（实习生曹茜）

第四节　立体布艺制作

幼儿手工中的立体布艺是在平面布艺的基础上通过裱褙、填充等方法实现了布艺的立体化。立体布艺扩展了布艺的游戏性和互动性。

一、单片裱褙立体布艺制作

（1）将布料裱褙（或粘贴）在硬卡纸上。

（2）分别拼贴出树木、房屋、汽车、红绿灯和人行道的形状，如图 3-48 和图 3-49 所示。

（3）将图形的底部与托板的接触面折叠，以方便涂抹胶水，如图 3-50 所示。

图 3-48　红绿灯　　　　　　图 3-49　小汽车　　　　　　图 3-50　小树

（4）构图，粘贴完成，如图 3-51 所示。

图 3-51　《车来车往》（肖与筝 6 岁　指导教师郑广莉）

二、双层或多层布艺制作（长颈鹿相框）

（1）准备工具：剪刀、胶棒或不织布专用胶、设计图案、不织布等，如图 3-52 所示。

（2）将不织布按照图案剪成相应的相框轮廓图形，如图 3-53 所示。

（3）剪去不织布中间部分，留下设计好的相框外框，如图 3-54 所示。

图 3-52 准备工具　　　　图 3-53 剪成相框轮廓　　　　图 3-54 剪去中间部分留下外框

（4）选择相近颜色的不织布，以大于相框内框边缘 0.5cm 的尺寸剪出相框背面，如图 3-55 所示。

（5）沿相框内框周边 0.3cm 处涂胶，并将剪好的相框背面粘贴完整，如图 3-56 和图 3-57 所示。

图 3-55 剪出相框背面　　　　图 3-56 涂胶　　　　图 3-57 粘贴完整

（6）相框本体初步完成，如图 3-58 所示。开始制作相框的装饰长颈鹿，如图 3-59 所示。

（7）将长颈鹿粘贴在相框上，使长颈鹿的身体能够遮挡相框裁剪时的剪刀入口，也可以粘贴其他一些协调的装饰，完成相框的制作，如图 3-60 所示。

图 3-58 相框制作完成　　　　图 3-59 制作长颈鹿　　　　图 3-60 长颈鹿相框

三、填充布艺作品（仙人掌）

（1）准备工具：仙人掌图案、不织布、相近色缝纫线以及填充棉、剪刀等，如图 3-61 所示。

（2）用剪刀将不织布按照仙人掌图案剪成相应的图形（浅绿色作为前片，深绿色作为后片），如图 3-62 所示。

图 3-61　准备工具

图 3-62　将不织布剪成相应图形

（3）用铅笔或签字笔在仙人掌的正面（浅绿色）画上笑脸，如图 3-63 所示。

（4）用黑色线以回针缝的方法沿笑脸图案缝制，如图 3-64 和图 3-65 所示。

图 3-63　在仙人掌正面画上笑脸

图 3-64　缝制笑脸

图 3-65　缝制笑脸完成

（5）用铅笔或签字笔在仙人掌正面以虚线的形式画出仙人掌的刺，如图 3-66 所示。

（6）用相近绿色线以回针缝（双线）的方法完成仙人掌刺的缝制，如图 3-67 和图 3-68 所示。

（7）将仙人掌前后两片以回针缝的方法沿边缘进行缝制，如图 3-69 所示。

（8）缝制到一半时，先塞一部分填充物至仙人掌的侧枝以及主体部分，如图 3-70 所示，然后继续完成剩余边缘部分的缝制，如图 3-71 所示。

（9）仙人掌本体完成，如图 3-72 所示。

（10）完成玫红色蝴蝶结的制作，如图 3-73 所示。

图 3-66　画出仙人掌的刺

图 3-67　缝制仙人掌的刺

图 3-68　仙人掌刺缝制完成

图 3-69　将前后两片仙人掌沿边缘缝合

图 3-70　缝制一半时塞入部分填充物

图 3-71　完成剩余部分边缘的缝制

图 3-72　仙人掌缝制完成

图 3-73　制作蝴蝶结

（11）将蝴蝶结固定（缝制或胶粘都可以）到仙人掌的顶端，完成整个仙人掌的制作，如图 3-74 和图 3-75 所示，整个仙人掌完成。

图 3-74　固定蝴蝶结

图 3-75　仙人掌制作完成

四、立体布艺

（1）将方形笔筒制作所需要的辅助材料，以及按照设计图所剪好的不织布布片准备好，如图 3-76 所示。

图 3-76　准备材料和工具

（2）用相近线将橘色和黄色布片以撬针缝的方法沿边缘缝在一起，如图 3-77 和图 3-78 所示。

（3）笔筒的侧壁轮廓初步完成，如图 3-79 所示。

（4）用颜色相近的不织布剪一块与笔筒底端大小一致的正方形布块，如图 3-80 所示。

（5）用同样的针法将笔筒底面与侧壁缝制完成，如图 3-81 所示。

（6）笔筒底面缝好之后，开始设计并制作笔筒壁的画面，如图 3-82 所示。

（7）在黄色壁粘贴太阳及绿草画面，在橘色壁粘贴小白兔吃萝卜画面，至此整个笔筒制作完成，如图 3-83 和图 3-84 所示。

图 3-77　缝合布片

图 3-78　全部缝合完成

图 3-79　笔筒轮廓完成

图 3-80　剪笔筒底端

图 3-81　缝制底面与侧壁

图 3-82　设计笔筒壁画面

图 3-83　粘贴太阳及绿草

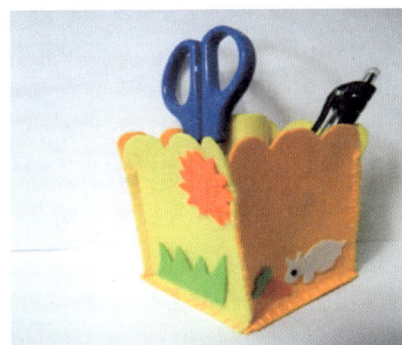

图 3-84　制作完成

第五节　布 艺 教 学

布艺手工制作是幼儿非常喜欢的一项活动,它是培养幼儿动手、动脑,启发幼儿创造性思维的重要手段,是教师引导幼儿发挥想象力与创造力,直接操作简单工具,对物质材料进行加工、改造,制作出占有一定空间的、可视的、可触摸的多种艺术形象的一种教育活动（图3-85）。

布艺手工制作对培养幼儿认真观察、有意注意、耐心细致的习惯,以及幼儿的想象力和使幼儿形成立体空间观念具有非常重要的作用。

图3-85　《幼儿园里真快乐》（实习生李新悦）

一、儿童布艺手工指导

由于幼儿的思维是直觉的半逻辑思维特点,因此他们对布艺手工制作早期很少出现"胸有成竹"的情况,大多是在行动中不断联想,根据幼儿的这一特点,教师的指导可以从以下几方面入手。

1．创设环境、激发兴趣

丰富、有趣、优美的环境创设可以激发幼儿对布艺的游戏和制作兴趣,进而产生对布艺制作的好奇心,为开展布艺制作教学活动积累情感。

通过一个主题或者故事让幼儿在主题或故事背景下进行想象创作,提高幼儿的兴趣。例如,以幼儿耳熟能详的《三只小猪》的故事或《我的家人》等为背景,让幼儿用布制作出自己心中的故事画面,这样既有利于发挥幼儿的想象力,又有助于激发幼儿的兴趣。

例如,图3-86至图3-89是以古诗词为背景,进行布艺画的创作。

图 3-86 《春晓》(范怀蔚 指导教师孙迎春)

图 3-87 《梅花》(王冉 指导教师孙迎春)

图 3-88 《桃花》(赵钰婕 指导教师孙迎春)

图 3-89 《江雪》(陈斯雪 指导教师孙迎春)

2．给幼儿提供与材料充分接触的机会

让幼儿在使用各种软硬不同的布等活动中,了解布的软硬程度及易变化、易造型等特性；还可以让幼儿在玩布的同时进行各种活动,让幼儿在与材料相互作用的过程中,对布艺制作活动产生兴趣,如图 3-90 和图 3-91 所示。

3．提供多种材料、引导幼儿进行联想

材料是构思、设计得以物化的基础,不同的物质材料具有不同的工艺性能和特征,分别适用于不同的造型要求。幼儿在进行布艺手工制作活动时,幼儿教师应尽可能为他们提供丰富的布质材料,或创设专门的美工区供幼儿进行创作,让幼儿根据自己的意图选择材料,充分发挥想象力,构思出多种制作方案。例如图 3-92 至图 3-94,同样是海星的制作,不同的幼儿有不同的想法和制作方法。

4．帮助幼儿积累多种表象

手工制作中需要表象的积累,应特别注意表象的空间存在形式。教师可让幼儿以看一看、摸一摸的方式加强对表象形体的记忆。例如,指导幼儿对一只动物的形象进行分析,教师可启发幼儿思考：它们的整体形态是怎样的？头是什么样？耳朵是什么形状？

尾巴是长的还是短的？等等。

教师在分析时，还可利用儿歌、谜语等帮助幼儿加深对表象形体的记忆，如图3-95至图3-97所示。

图3-90 《风铃》（任宇航、鲍辉红、王佳、方萍、李曼曼　指导教师孙迎春）

图3-91 《蝴蝶风铃》（刘越、付玉娇、张明月、陈晶晶、张晶晶　指导教师孙迎春）

图3-92 《海星》（贾雨晴、付佳政、李梓璇、宋森、张杰　指导教师孙迎春）

图3-93 《海星》（李欣悦、李鑫、崔博慧、陈新颖、张晓蕊、于嘉益　指导教师孙迎春）

图3-94 《海星》（刘越、付玉娇、张明月、陈晶晶、张晶晶　指导教师孙迎春）

图3-95 《海星》（郑雨桐、李洁、马小萌、王雁飞　指导教师孙迎春）

图3-96 《海马》（贾雨晴、付佳政、李梓璇、宋森、张杰　指导教师孙迎春）

图3-97 《企鹅》（陈斯雪、辛琦、崔淼、代文静、于俊贤、王欣源　指导教师孙迎春）

二、布艺活动拓展

1．综合材料

教师要注意根据幼儿身心发展的年龄特征,有选择地引导幼儿学习其他工具和材料的使用方法。只有让幼儿在学习过程中,掌握各种工具和材料的基本使用方法,才能帮助幼儿形成技能,并将技能迁移到布艺手工制作活动中去。

教师可让幼儿先思考,发现问题所在,然后再用确切、浅显的语言讲解制作步骤,让幼儿通过自己的思考,在理解的基础上掌握技能与技巧。

2．引导幼儿将布艺手工制作与绘画结合起来

布艺手工制作与绘画结合起来,可以起到相互促进的作用。在布艺手工制作中添加绘画,能激发幼儿对布艺手工制作的兴趣,发挥其制作与装饰的能力。

如图 3-98 和图 3-99 所示,当幼儿在教师的指导下理解了诗的意境之后,用布粘贴相关的图画和背景,达到和诗歌主题的一致性,形成了一幅较完整的图画。教师也可以引导幼儿将布贴画和纸笔绘画结合起来,以达到不同材料相结合表达一个完整主题的目的。

图 3-98　《静夜思》(于俊贤　指导教师孙迎春)　图 3-99　《咏鹅》(李梦楠　指导教师孙迎春)

3．将幼儿的布艺手工制作与游戏相结合

幼儿喜欢游戏,游戏几乎和他们的其他活动紧密相连。把趣味的手工制作贯穿于教育游戏之中,潜移默化地使幼儿在玩中学,寓教于乐,达到游戏和教育的双重目的,开阔幼儿的思路,激发他们的兴趣和热情,充分调动他们的主动性和积极性。让孩子在宽松的环境中学习,对培养孩子的布艺手工技能有很大的帮助。

如图 3-100 和图 3-101 所示,让幼儿通过给"我的家人找五官"这个游戏,帮助幼儿制作出不同的面部表情,以激发他们的动手兴趣。

图3-100 《爸爸》（郑雨桐、李洁、马小萌、王雁飞 指导教师孙迎春）

图3-101 《姐姐》（陈斯雪、辛琦、崔淼、代文静、于俊贤、王欣源 指导教师孙迎春）

小贴士

在使用针线、剪刀时,一定要提示孩子注意安全,避免扎到手。在幼儿制作完毕后,鼓励他们通过想象,添画上富有新意的形象,增强作品的表现力,从而培养幼儿的审美能力,进而提高幼儿的布艺手工制作水平。同时幼儿的想象力、探索能力也有了不同程度的提高,他们的思维也得到了发展。

三、学生作品欣赏

学生作品欣赏如图3-102至图3-117所示。

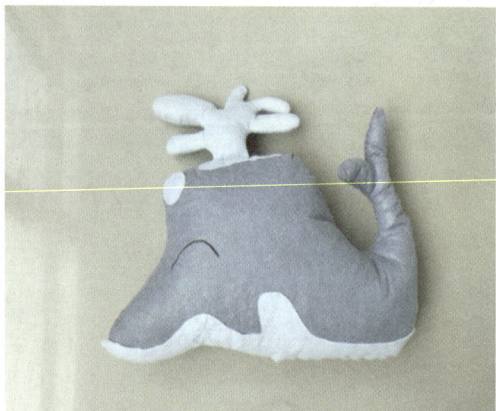

图3-102 《鲸鱼》（郑雨桐、李洁、马小萌、王雁飞 指导教师孙迎春）

图3-103 《海豚》（贾雨晴、付佳政、李梓璇、宋森、张杰 指导教师孙迎春）

图 3-104 《鲨鱼》（郑雨桐、李洁、马小萌、
王雁飞 指导教师孙迎春）

图 3-105 《金鱼》（陈斯雪、辛琦、崔淼、代文静、
于俊杰、王欣源 指导教师孙迎春）

图 3-106 《葡萄》（李鑫、李欣悦、陈新
颖、崔博慧、张小蕊、于嘉益
指导教师孙迎春）

图 3-107 《房子》（刘晓倩、翟雨鑫、李梦琪、周慧、李雅
楠、冯欣悦、曹茜、纪艳坤 指导教师孙迎春）

图 3-108 《雪花》（牛佳玉、王潇
指导教师孙迎春）

图 3-109 《草》（王佳 指导教师孙迎春）

图3-110 《叔叔》（杨宇辉、褚怡、高剑英 、韩修、
王欣　指导教师孙迎春）

图3-111 《女孩》（赵钰婕、孟钰馨、李佳琳、
王冉　指导教师孙迎春）

图3-112 《妈妈》（贾雨晴、付佳政、李梓璇、
宋森、张杰　指导教师孙迎春）

图3-113 《奶奶》（刘越、付玉娇、张明月 、陈晶晶、
张晶晶　指导教师孙迎春）

图3-114 《草》（宋森　指导教师孙迎春）

图3-115 《小池》（付玉娇　指导教师孙迎春）

图 3-116 《春晓》(杨宇辉　指导教师孙迎春)

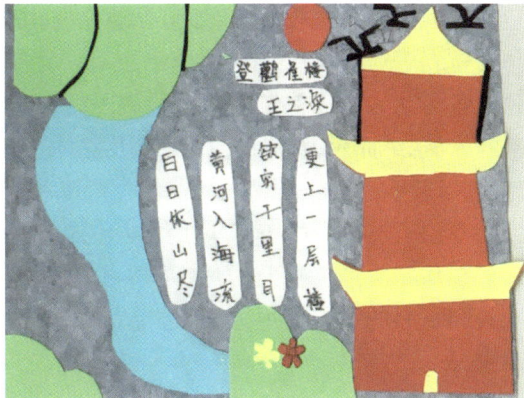

图 3-117 《登鹳雀楼》(鲍辉红　指导教师孙迎春)

教学建议

　　学习制作布艺不仅能帮助学生掌握一定的缝纫技巧,提高动手、动脑的能力,掌握幼儿园环境布置和幼儿园玩教具制作的要求,而且能够全面提高自身的艺术修养,进而美化生活。

　　布制手工艺历史悠久,是一种和人们生活息息相关的民间工艺,它是以布、绸、绢、缎为主要材料,以人们对美好生活的向往为题材,用变形、夸张的表现手法,同时吸收、融合民间美术等其他门类的制作技艺造型的一种布制工艺。

　　辅导幼儿制作布艺时,可以让幼儿首先尝试布艺剪贴画,也可以尝试剪贴和添绘相结合。在布艺手工制作中添加绘画发挥其制作与装饰的能力,激发幼儿对布艺手工制作的兴趣,如制作小鱼布贴画、花草布贴画等。中大班的幼儿可以学习缝制布艺作品。幼儿使用针线、剪刀时,一定要提示孩子注意安全,避免产生危险。设计内容时,可以添加故事情节设计,关注幼儿的兴趣点。

　　因为布料的种类、花纹、质地不同,从而在选材上也有一定的难度,教师要注意根据幼儿身心发展的年龄特征,有选择地引导幼儿学习一些工具和材料的基本使用方法。不论是进行平面布艺手工活动还是立体布艺手工活动,教师首先要引导幼儿和儿童了解和认识制作工具的特征及用途,并学习其使用方法。

　　只有让幼儿在学习过程中掌握各种工具和材料的基本使用方法,才能帮助幼儿形成技能,并将技能迁移到布艺手工制作活动中。所以,在进行布艺手工时,教师可让幼儿先思考,发现问题所在,然后再用确切、浅显的语言讲解制作步骤,让幼儿通过自己的思考,在理解的基础上掌握技能与技巧。

本章小结

　　布艺手工制作是幼儿非常喜欢的一项活动,它是培养幼儿动手、动脑,启发幼儿创

造性思维的重要手段，是教师引导幼儿发挥想象力与创造力，直接用手操作简单工具，对物质材料进行加工、改造，制作出占有一定空间的、可视的、可触摸的多种艺术形象的一种教育活动。本章首先让学生欣赏民间布艺的美，激发他们的兴趣；然后介绍粘贴和缝制的方法，继而示范制作布贴画以及立体布艺的方法；最后让学生欣赏一些优秀的布艺作品。

不论是进行平面布艺手工活动还是立体布艺手工活动，教师首先要引导幼儿了解和认识制作工具的特征及用途，并学习其使用方法。只有让幼儿在学习过程中，掌握各种工具和材料的基本使用方法，才能帮助幼儿形成技能，并将技能迁移到布艺手工制作活动中去。

讨论与练习

（1）花瓶是幼儿园和家庭中常见的装饰，瓷质和玻璃质的花瓶极易损坏，非常不安全，而布艺花瓶则是一个非常不错的幼儿园环境装饰品。请制作一个布艺花瓶，可以使用本章所学的布艺制作方法，如粘贴、缝制、填充等多种方式，也可以尝试使用铁丝与丝网等方法制作。

（2）布艺绘本是幼儿园非常常见的一种既便捷又不容易被幼儿损坏的绘本，请制作一本布艺绘本，可以使用粘贴、缝制等多种方法相结合的方式制作。

（3）请以一首古诗或者一个重要节日为主题，制作一份布艺主题画报，制作方式可以不局限于本章所学方式。

实践课堂

"五一国际劳动节"是一个体现劳动光荣的重要节日。在幼儿园开展以"五一国际劳动节"为主题的活动，不仅能让幼儿了解节日的来历，更能让幼儿深刻认识到劳动创造"美"的重要意义。

（1）请思考并尝试利用多种材料和方法制作丰富多样的体现劳动过程或劳动成果的作品。

（2）请设计一个以"我的小手真能干"为主题的亲子活动。

布贴画绘本制作流程及要点

填充布艺作品的制作流程及要点

第四章

绳 艺

教学目标

(1) 了解传统中国结的文化意义和基本技法。

(2) 掌握麻绳、毛线、纸绳、铁丝等绳艺的制作方法和基本技巧。

(3) 了解绳艺在幼儿园活动中的教学意义和教学思想。

(4) 培养学生对传统手工艺和民族文化的热爱,锻炼创作思维能力和动手能力,促进眼、手、脑的协调发展。

学习导语

绳艺是中国传统民间手工艺的一种,我们耳熟能详的"中国结"就是其中的一种。传统中国结是汉族特有的一种手工编织工艺品,它显示了中华民族的情致与智慧。绳艺源于缝衣打结,是劳动人民从辛勤的劳动中创造出的艺术,凝结着劳动人民对美好生活的向往。

幼儿园玩绳活动包含翻绳、穿珠、编绳、绳粘贴等,通过掌握基本的绳艺技巧,锻炼幼儿眼、手、脑的协调能力。

第一节 传 统 绳 艺

有人说寻找中国结的源头,可以追溯到文字发明以前的结绳记事。在没有文字的时代,结绳是古人对信息的记录形态。多与"神"事有关,"神"与"绳"谐音,"结"与天、地、人现象相对应。

上古时期,结绳不仅是作为一种装饰的形态存在,而且承载着记述历史、传播文明的责任。周朝时人们随身佩戴的玉饰就常以各种绳艺辅助装饰,在战国时代的铜器上也发现有绳结的图案,端午时节民间也有系"五彩线"的习俗。

中国传统服饰中的盘扣、璎珞荷包上装饰的绳艺也都是中国传统绳艺的代表。因为其外观对称、精致,可以代表汉族悠久的历史,符合中国传统装饰的习俗和审美观念,故

命名为"中国结"。中国结中有双线结、纽扣结、琵琶结、团锦结、十字结、吉祥结、万字结、盘长结、藻井结、双联结、蝴蝶结等。

一条普通的绳子因丰富多变的编结技巧和组合方法产生了或简朴，或华丽，或精巧，或繁复的艺术形象，又被命名为各种吉祥的名字，并赋予深刻的寓意，它已经远远超越了用作捆、扎、系、绑的功能，演化为意识形态，成为中华民族传统文化的一部分。

一、传统绳结制作的材料与工具

1．绳材

中国结线材种类很多，颜色丰富、粗细不一，一般以尼龙线和涤纶线居多。尼龙线光泽更明显，颜色更好看。常见的中国结线材有股线和玉线。股线也称为塔线，股线分3股、6股、9股、12股、15股，随着股数的增多，线的直径也会增加。

股线的颜色很多，除了单一颜色外，还有一线多彩的七彩线。如图4-1和图4-2所示，股线可以用来缠绕装饰，编织项链、手链、脚链等。

图 4-1　股线

图 4-2　股线绳结——三生绳

玉线相较于股线更挺实、更容易造型。玉线分为71号玉线、72号玉线、渔丝玉线、包玉线、A玉线、B玉线、C玉线、180玉线。71号玉线是玉线中最细的一种，直径只有约0.2mm；72号玉线比71号稍粗，直径约为0.7mm。渔丝玉线是一种特别的玉线，该玉线在线里面包裹着一根渔丝，表面上看起来又圆又硬，直径约为0.5mm。包玉线就是普通的玉线，密度不大，直径约1mm。A、B、C玉线密度稍高，直径分别为1mm、1.5mm、2mm。180玉线是现在的玉线中最高密度的玉线，颜色种类也更多。

如图4-3所示，玉线可以用于编织工艺品、鞋帽等。

除了常用的股线和玉线外，用于绳结的还有蜡线、空心线、扁线、弹力线等。不同的线材其性能也不同，根据用途、造型、颜色选择合适的线材不仅可以事半功倍，更能让绳结工艺品展现出最美的效果。

2．绳结工具

绳结工具很多，包括剪刀、平嘴钳子、绕线器、钩针、镊子、泡沫垫板、图钉、球针等，如图 4-4 所示。

图 4-3　玉线

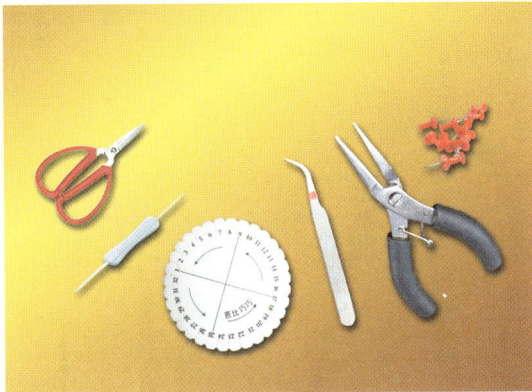

图 4-4　绳结工具

二、传统绳结的基本结法

1．线形的绳结

线形结一般是通过连续打出同一形状的结而形成的有分量的绳结。这些漂亮的绳结可以用于手链、项链、脚链，也可以作为包装中的缎带、手提包的提手，如图 4-5 所示。由于绳子的粗细材质不同和结法的不同，打出的绳结效果也不一样。常见的线形结有平结、缠股线、三股辫、四股辫、金刚结、蛇结、锁结等。

图 4-5　绳结手链

线形绳结示例——双向平结

双向平结也称为蜈蚣结，其结体平整、色彩丰富、十分好看。双向平结制作时在中间可加一根或两根线，是编手链、项链等圈形饰品的活动拉扣结。

如图 4-6 所示,将黄线和紫线烧连,以灰色线为中间垂直线放于双色线之上。黄线压过灰线,穿过左圈,紫线从灰线下方穿过右侧圆圈,拉紧打结。

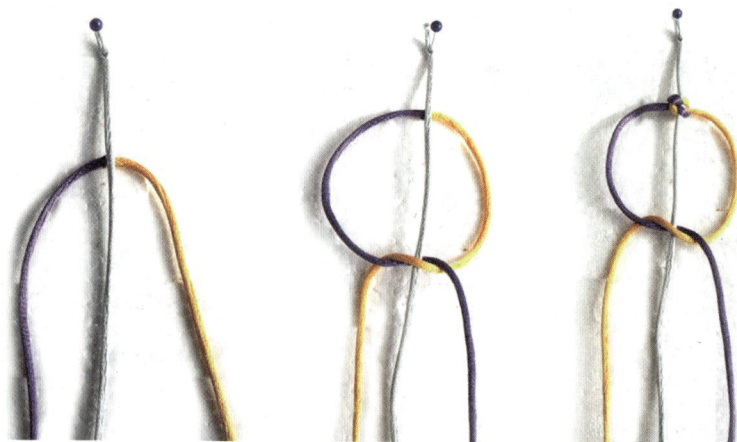

图 4-6 双向平结制作步骤

双向平结

黄线压过灰线,穿过右圈,紫线从灰线下方穿过左侧圆圈,拉紧打结。反复重复上两步动作,即可完成双向平结,如图 4-7 所示。

2．球形的绳结

球形结的形象滚圆有立体感,即使单个欣赏也会让人印象深刻。球形结经常用在传统的盘口设计中,在其他的绳结饰品组合中也能起到很好的衬托作用。如图 4-8 所示,球形结中比较常见的有单线纽扣结、双线纽扣结、释迦结和菠萝结等。

图 4-7 双向平结制作完成

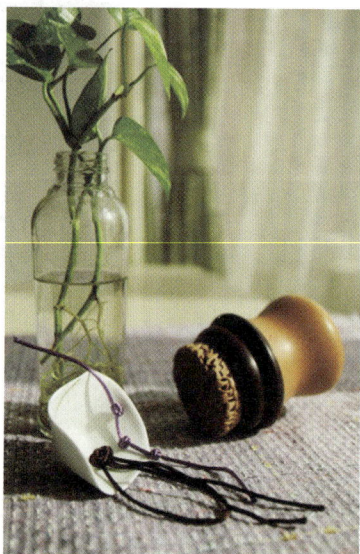

图 4-8 球形绳结

球形绳结示例——纽扣结

纽扣结是传统服饰中盘扣的常用结法。纽扣结是球形绳结中的典型代表。

（1）如图 4-9 所示，沿逆时针方向将线弯曲成一个圈，重复此动作形成两个圈。右侧线做压、挑、压、挑，从中间的小圈中穿出来。

纽扣结

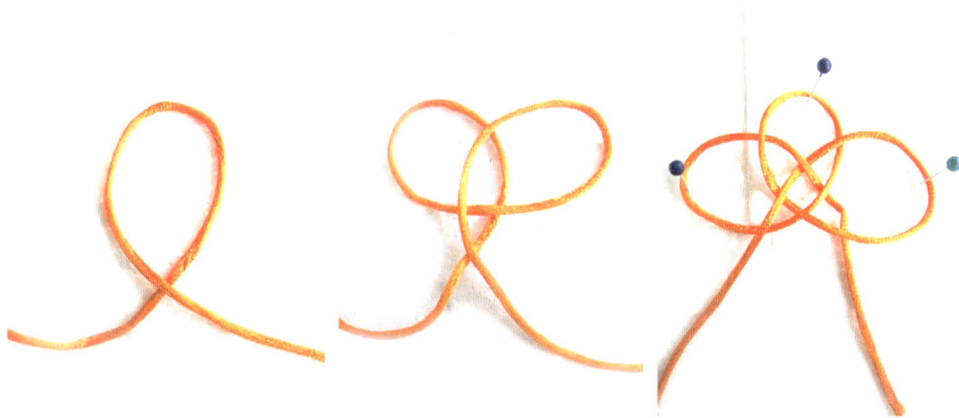

图 4-9 纽扣结制作步骤一

（2）如图 4-10 所示，同一侧线再做挑、压，穿过中心的小圈。轻轻拉动线的两端，按线的走向将结体整理好。

图 4-10 纽扣结制作步骤二

3．花形的绳结

传统结艺中有很多以花朵为形象的绳结。以花朵为主体的绳结一般都较为华丽，单独看起来有视觉冲击力，连续打结时又另有趣味。如图 4-11 所示，花形结种类很多，常见的有十字结、盘长结、万字结等。

图 4-11　花朵形的绳结

花形绳结示例——菊花结

　　菊花结是有代表性的花结之一,也称为"吉祥结",是中国结中很受欢迎的一种结饰。菊花结是十字结的延伸,因其有七个耳翼又称为"七圈结"。菊花结是一种古老的装饰结,蕴含吉利祥瑞之意。

　　(1) 如图 4-12 所示,将线弯成图中所示十字花形。将下面两线由右侧向上折。右侧圆圈经上侧向左折。

菊花结

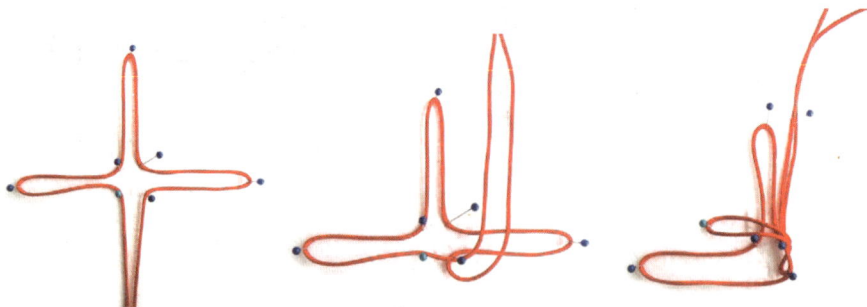

图 4-12　菊花结制作步骤一

　　(2) 如图 4-13 所示,将上面的圆圈向下折,将左侧的圆圈向右折穿过右侧的圆环。取出球针,整理形成十字结。

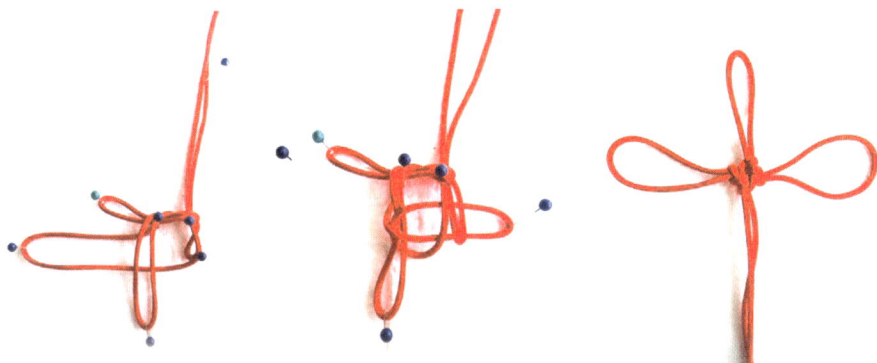

图 4-13 菊花结制作步骤二

（3）如图 4-14 所示,重复前面的动作,将耳翼部分再次相互挑压。拉紧整理后反转,可见有四个斜向小环。

图 4-14 菊花结制作步骤三

（4）如图 4-15 所示,将四个小环拉长并整理,完成菊花结的制作。

图 4-15 菊花结制作步骤四

4．象形类的绳结

传统结艺中还有很多形象是根据现实生活中的事物编结的，如鱼、兔子、蝴蝶、蝙蝠等常见的吉祥动物都经常出现。如图4-16所示，龟背结因形似龟背而得名，这类结艺和象征动物一样拥有寓意吉祥、祈福平安之义。

图 4-16　象形类绳结

象形类绳结示例——蝴蝶结手链

蝴蝶结需要粉绳5根、浅紫色绳4根、深紫色绳2根，每根长约45cm。

（1）如图4-17所示，取粉色绳一根对折后拧双股辫。取深紫色绳如图缠绕在粉色绳的中间部位，左右所留长度相等，拉紧。将其他线绳如图系在双股辫上。外侧两根粉色绳朝向一个方向。

图 4-17　蝴蝶结手链制作步骤一

（2）如图4-18所示，将泡沫板旋转方向，下部线绳从中间分为两份，以紫色绳为芯绳，其他绳为绕绳，如图绕绳打结，从左到右依次打结。第二排与第一排相同。第三排以粉色绳为芯绳，右侧其他绳绕绳打结。第四排仍以浅粉色绳为芯绳，右侧其他绳绕绳打结，蝴蝶下翅完成。左侧翅膀方法相同。两侧翅膀都编好后，剪掉线头，用火将线头熔化粘结实。

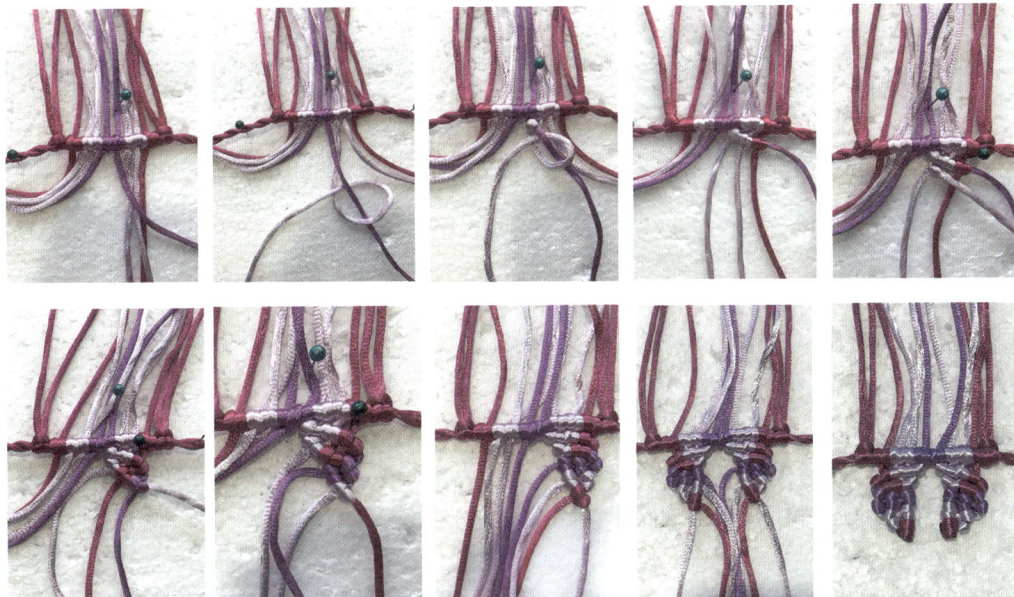

图 4-18 蝴蝶结手链制作步骤二

(3) 如图 4-19 所示,翻转泡沫板制作上翅。第一、二排制作方法与下翅相同。第三排以中间粉色绳为芯绳右侧绳绕绳打结。第四排以第一根粉色绳为芯绳,右侧绳绕绳打结。第五排以浅紫色绳为芯绳,右侧绳绕绳打结,一个翅膀完成。左侧翅膀方法相同。两侧翅膀都编好后,剪掉线头,用火将线头熔化粘结实,蝴蝶结制作完成。

图 4-19 蝴蝶结手链制作步骤三

第二节　线形材料造型

除了传统绳结中的尼龙绳外，线形材料还包括皮绳、麻绳、纸绳、弹力绳、毛线等。根据材料特性的不同，可以制作出各不相同的绳艺作品。

一、线形材料的平面造型

（一）粘贴画

1．绳材

纸绳、麻绳、毛线都可以作为粘贴画的原材料。这类绳材表面都较为粗糙，易于粘贴，有一定的柔韧性，方便弯曲、盘旋造型。

2．绳粘贴画制作方法示例

纸绳、毛线、缎带都可以作为绳粘贴画的材料。如图4-20所示，绳粘贴画利用了纸绳、毛线等绳类柔软可弯曲、盘绕的特点构成多种多样的形状。

绳粘贴画的顺序和手法往往要根据刻画物象的具体形态决定，既可以盘绕成卷，如人物的脸部；也可以逐行粘贴，如人物的服装；还可以根据具体形象多种方法相结合，如人物的帽子。

图4-20　纸绳粘贴画

（二）编织

1．绳材

编织有很悠久的历史，原始人类就可以利用自然界中的动物纤维或植物纤维编制绳子、服饰等物品。生活中的毛线、麻线或布条等材料都可通过编织制作出各种必需品，如杯垫、坐垫、地毯、服装、饰品等。编织材料要求有一定的柔软度和伸缩性。

2．平面编织作品

如图 4-21 所示，在一块 10cm 见方的卡纸上画出间隔 5mm 的横格。用剪刀将两端各剪开 5mm，用以固定线。用较细的毛线或麻线沿切口拉直，逐格做蛇形弯曲。将废布条纫在针上，然后用针以压、挑、压、挑的方法将布条穿入线中。

图 4-21　手工杯垫

换行时注意交叉替换。两端收边,需注意两面缝合。打结完成后,用针将线从卡纸上卸下。用剪刀剪去两端多余部分,完成杯垫制作。

生活在美国的日本艺术家 May Sterchi 制作的结绳挂毯有让人惊艳的东方书法的味道,如图 4-22 所示,她选择黑白的绳编,通过流畅的线条和循环的曲线之间产生的韵律,在简约与优雅中蕴含着东方式的韵味。

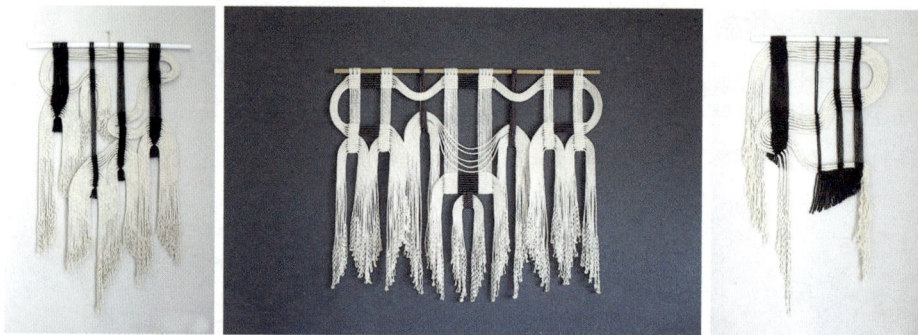

图 4-22　May Sterchi 绳编作品

二、线形材料的立体造型

立体绳艺是通过编织、捆绑、弯曲等方法制作的手工艺品。

1．电线制作的立体工艺品

电线内含有铜丝,有很好的弹力和韧性,弯曲后不回弹,非常利于立体造型,如图 4-23 所示。使用废旧电线制作的很多手工艺品受到人们的喜爱。

2．麻绳捆扎制作的立体工艺品

麻绳、纸绳、毛线在与胶水结合后都会具有一定的塑形能力,可以以其他器皿或物体为依托,通过捆扎、粘贴、装饰等手法制作工艺品,如图 4-24 所示。

图 4-23　电线制作的作品

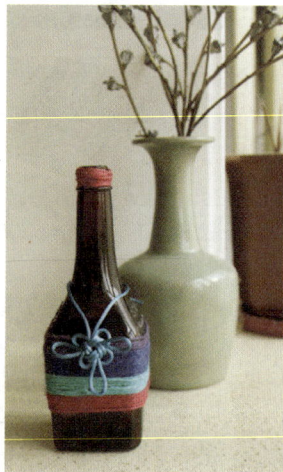

图 4-24　麻绳装饰

3．纸绳立体作品

日本艺术家 Chie Hitotsuyama 用废报纸制作纸绳，再将纸绳用拼接、粘贴等多种方法制作出各种栩栩如生的动物雕塑，如图 4-25 所示。她涉及的题材广泛，雕塑栩栩如生，令人叹服。她认为，"动物试图认真生活在无情的大自然的力量给我留下了深刻的印象，它们的力量很像报纸卷，一个接一个在一起，以此增加强度，我与它们共生。"

图 4-25　Chie Hitotsuyama 纸绳雕塑

第三节　绳　艺　教　学

一、绳艺的教育教学价值

绳是生活中十分常见的生活材料，价格便宜，随手可得，对制作环境和制作工具的要求不高，是儿童手工活动中极为常见的材料。手工活动中，一般柔软的条状物都可以作为绳材料来使用。系鞋带、编辫子都是儿童在生活中习得的绳艺，手工绳艺的编织可以锻炼孩子的手眼协调、手指的灵活性、左右手的配合能力。同时，由于绳编需要全神贯注，既需灌注更多的心智，也能让孩子安静完整地做一件事情，培养幼儿的耐心、细心和毅力。

以绳为主题的活动不仅仅局限于手工活动。在科学活动中，可以引导幼儿收集生活中的绳，通过看一看、摸一摸、拉一拉、比一比发现不同种类绳的特质和用途；在健康活动中，可以带领幼儿发现游戏和玩具中的绳，如跳绳、溜溜球、跳皮筋等，并让幼儿自己发明绳的新玩法；在区域活动中，可以设计"小工厂"组织扎扫帚、搓绳子等活动。

二、绳艺教学案例

幼儿园手工活动——制作绳子。

（一）活动目标

（1）让幼儿了解绳子的玩法。

（2）引导幼儿利用废旧材料制作绳子。

（3）充分发挥农村资源制作绳子。

（二）活动准备

（1）绳子若干。

（2）废旧布条。

（3）稻草、万万草、茅草等。

（三）活动过程

1．让幼儿了解绳子的玩法

教师拿出一条绳子，师幼共同讨论绳子的玩法，讨论绳子的用途。

教师小结：绳子能玩很多游戏，如跳绳、拔河、舞蛇等，还能用它捆绑东西，绳子既好玩又有用。

2．利用废旧材料激发幼儿制作绳子的兴趣

出示废旧布条、报纸、各种草。

师：孩子们，这里有很多旧布条、报纸和草，咱们将它们做成绳子来玩好不好？

幼：好是好，可是这东西能做成绳子吗？

师：能，肯定能，让我们看看哪个小朋友爱动脑筋先制作出绳子来？

（1）让幼儿自己探索制作绳子的步骤。

（2）教师示范用布条、草和报纸制作绳子的步骤。

（3）教师与幼儿共同操作制作绳子。

3．教师巡回指导

教师评价：咱们班的小朋友既聪明又能干，能用这些本应该扔掉的废旧材料制作出这么有特色的绳子，真是太棒了！下次活动时咱们就用自己制作的绳子玩游戏。

（四）活动延伸

（1）让幼儿互相评价自己制作的绳子。

（2）讨论：这些废旧材料还能做什么？

教学建议

生活中绳的形态变化多端，除了常见的毛线、棉线、麻绳、电线、纸绳、玻璃丝绳等外，还包括项链、腰带、数据线、耳机线等。绳在生活中的作用也很大，除了捆扎外，还包括连接、编织、牵引等。正因为绳在生活中使用的广泛性，为我们创作绳艺手工作品提供了获取原材料的便利条件。

幼儿园的绳艺活动不单纯是手工活动，还可以在活动中引导幼儿认识、接触不同的绳，发现生活中绳的作用，进而拓展绳的使用功能。幼儿园的绳艺手工活动也不同于民间手工艺中的绳编、绳结。受幼儿的身体和心理发展阶段的限制，技艺过于复杂的传统绳艺不适合幼儿学习。

设计绳艺活动时可与其他游戏相互结合，如串珠比赛、编辫子比赛、系鞋带比赛、钉纽扣等；也可以同其他的手工活动相结合，如制作礼物包装、送给妈妈的项链等。在区角活动中投放大量的绳艺材料、工具和制作范例，可以帮助幼儿更多地接触绳艺，形成一定的技能经验，更顺畅地完成教学活动。

本章小结

绳艺也是中国传统民间工艺中的重要组成部分，今天这门手艺仍然广受欢迎。本章介绍了传统绳艺特别是中国结的典型制作方法。根据幼儿园开展的绳艺活动要求，介绍了不同绳材的不同制作技法。

掌握绳艺技艺不仅有益于幼儿园教师设计丰富多样的幼儿园手工活动，也有利于幼儿园环境创设、玩教具制作等幼儿园其他工作的开展。

思考与练习

（1）你知道端午节系五彩丝线的由来吗？请查阅相关资料并讲述给同学。

（2）使用纸绳贴画的技法设计并制作 1 ～ 2 张装饰画。

（3）印第安人相信夜晚的空气中充满着各种的梦幻，捕梦网能将梦过滤，可以捕获美丽的梦，也让噩梦随清晨的阳光而消逝。如图 4-26 所示，传统的捕梦网是用树枝编成一个圆圈，用皮革将圆圈包起来，然后用牛筋线在圆圈中绕出一个网。在牛筋线上穿些彩色的珠子，圆圈的一端用皮革挂羽毛。请尝试设计并用身边的绳类材料制作一个捕梦网。

图 4-26　捕梦网

实践课堂

　　"变废为宝"是幼儿园活动中的常见主题,既可以唤起幼儿的生态保护意识,又可以引导幼儿多感官参与创新思维活动,发展幼儿的想象力和动手操作能力。

　　(1)尝试找出生活中的绳类物体,看看哪位同学找得最多。

　　(2)尝试设计一个"变废旧线绳为宝"的活动。组织活动时请注意对废旧材料的分类与消毒。

第五章

环保材料手工制作

教学目标

(1) 了解环保材料手工设计的基本知识。

(2) 掌握环保材料手工制作的方法。

(3) 提升环保意识和参与环境保护的能力。

学习导语

《幼儿园教育指导纲要》指出,应指导幼儿利用身边的物品或废旧材料制作玩具、手工艺品等来美化自己的生活或开展其他活动。因此,在幼儿园的活动中利用环保材料进行手工创作是很重要的内容。

环保材料具有以下几方面的特性:一是丰富性,幼儿在生活中可以接触到多种多样的环保材料,其数量之大、种类之多是无法估量的;二是易得性,环保材料几乎在生活中随处可见、随处可得,极易收集;三是原始性,这是针对成品玩具而言的。

成品玩具一般功能固定、可变性小。原始的环保材料结构简单、功能多元、可变性大、可操作性强。环保材料不仅可选择的品种多,还能让幼儿自己动手利用环保材料进行制作,并在制作的过程中不断地摸索和完善。建议在幼儿园中设立"百宝箱",让家长和孩子们一起搜集生活中的物品,并把它们放在"百宝箱"中待用。

第一节　自然材料的利用

自然材料包括日常生活中的各种食物、植物、石头等,这些材料易见易得,如果使用得当,是做手工非常好的原材料。

一、食物造型

生活中的食物种类非常丰富,谷类、薯类、豆类、蛋奶类、蔬菜水果类以及各种加工食

品,大部分食材都可以作为食物造型的原材料。其中蔬菜水果的造型多样、色彩丰富,能让人产生丰富的联想,而且安全环保,非常适合作为幼儿手工制作的材料。

（一）蔬菜水果造型

蔬菜水果颜色鲜艳、造型丰富,善加利用可以制作出多姿多彩的手工作品。可以采用以下方法进行创作。

1. 利用蔬果本身的形状和颜色

根据蔬果的外形,启发联想,完成蔬果的造型。如图5-1和图5-2所示,一颗发了芽的土豆看起来像龙猫,对它进行切分、绘画,将切下的部分用牙签插接,成为雨伞,完成龙猫造型。

2. 一种蔬果的切割、组合

如图5-3所示,将一个苹果进行切割,根据螃蟹的特点制作螃蟹。

图5-1　一颗发了芽的土豆　　　图5-2　土豆制作的龙猫　　　图5-3　苹果切割组合的螃蟹

3. 多种蔬果组合

如图5-4至图5-6所示,根据设计构思,选择要利用的蔬菜水果,切分组合,形成想要的造型。

图5-4　用草莓、香蕉、蔬菜、米饭组合成的圣诞老人（李馨岚）

图 5-5　用香蕉和橙子皮组合成的蜗牛

图 5-6　用苹果和芹菜组合成的猫头鹰

4．通过衔接物制作

利用如牙签、棒棒饼干、棉花签等将不同的形体穿插连接，丰富造型。图 5-7 所示为用牙签穿插葡萄制作的刺猬。

5．多种蔬果组合成有趣的画面

如图 5-8 所示为花椰菜、板栗、玉米粒、面包片制作的风景画。

图 5-7　用牙签穿插葡萄制作的刺猬

图 5-8　多种蔬果组合的风景画

6．蔬果印章

将果质较硬的水果蔬菜制作成印章作画。制作的基本步骤如图 5-9 至图 5-12 所示。

（1）选择果质较硬的水果蔬菜，如土豆、萝卜等，洗净切开，截面要平整。

（2）在切开的平面上绘制印章图案。

（3）用刀削去印章图案外的部分，形成阳刻（也可挖去印章内的部分形成阴刻）。

（4）在图案上涂颜色。

（5）在柔软的纸上压印，不同的果蔬截面可以形成样貌不同的装饰图案。

图 5-9　截面平整的土豆

图 5-10　绘制印章图案

图 5-11　刻出印章图案

图 5-12　上色压印后的图案

小贴士

　　有的蔬菜水果截面本身就有丰富的纹理图案,如藕、辣椒、大白菜等,可直接作为印章,如图 5-13 至图 5-15 所示。

图 5-13　截面图案丰富的蔬菜

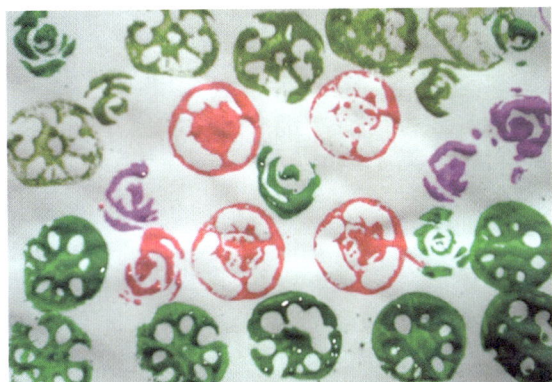

图 5-14　用蔬果截面直接印制的图案

图 5-15　不同蔬果截面和粉笔共同完成的作品

一种蔬果也可以玩出多种造型,如《一个橙子的大变身》,如图 5-16 至图 5-21 所示。

图 5-16　表皮造型"爱心熊"

图 5-17　切割组合造型"自行车"

图 5-18　切割造型"花朵"

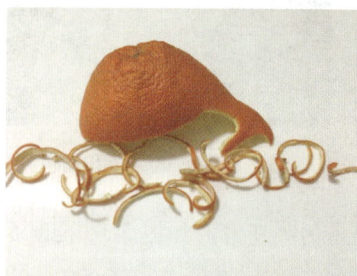

图 5-19　果皮造型"动物"

图 5-20　果皮果肉组合造型"龙舟"

图 5-21　果皮枝叶组合造型"玫瑰"

（二）豆类造型

豆类造型主要是制作豆子粘贴画。豆子画也称豆浮雕，源于民间用五谷作画的习俗。制作豆子画的工具和材料主要有各种颜色的豆子、卡纸、乳白胶、铅笔、剪刀、裁刀、镊子、牙签等，如图 5-22 和图 5-23 所示。

制作豆子画的方法步骤如下。

（1）在卡纸上设计初稿，画出粘贴画的图样。

（2）根据豆子不同的外观和质地，进行总体构思，选择色彩、大小合适的豆子，安排不同豆子的数量和位置。

（3）粘贴。粘贴方法一：在板上涂少许胶水，用刮刀均匀铺开，再按照由上而下的顺序向各部分填放豆子，根据豆子的大小，大粒的用手或镊子，小粒的可用纸做的漏斗均匀地撒在规定部位。粘贴方法二：直接将白胶涂在豆子上，粘在卡纸上的图案处。方法二适合大粒的豆子。

（4）豆子全部填放完后，用手按牢，等胶水稍干后修整一下，除去多余的豆子。整理画面，晾干。

图 5-22 豆子粘贴画——小熊（赵夏梅）

（5）待胶水彻底晾干，便可喷涂清漆或透明无色指甲油，薄薄地涂上几层，一幅亮丽的豆子粘贴画就完成了。

图 5-23 豆子粘贴画——恐龙（北京十八里店乡中心幼儿园）

除了各类豆子，大自然还给我们提供了许多美妙的粘贴画原材料，如树叶、花、蛋壳、羽毛甚至昆虫标本等，它们具有各自不同的形态和纹理，通过加工创作，可以组成一幅幅绚丽多彩的天然拼贴画。

（三）加工食品造型

加工食品是指利用蔬菜、水果、粮食等原材料经过各种工艺手段加工出来的食品。

幼儿接触较多的加工食品有面包、蛋糕、饼干、各类乳制品以及各种小零食,这些都可以成为制作食品造型的很好的原材料,如图 5-24 至图 5-27 所示。

图 5-24　面包片和饼干制作的鱼

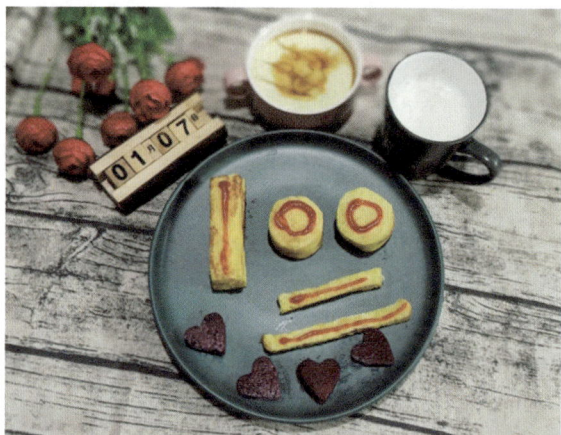

图 5-25　面包和紫薯制作的 100 分早餐（李馨岚）

图 5-26　爆米花和面包片制作的飞屋

图 5-27　爆米花和面包片制作的绵羊

（四）作品欣赏

在网上会看到一些父母把早餐做成了画,有孩子们熟悉的卡通角色,也有美丽的风景,如图 5-28 所示。

图 5-28　食物早餐画（微信"大楚襄阳"）

二、树叶造型

大自然的叶子五颜六色、千姿百态,有的树种叶色四季不同,可以在不同的季节收集树叶,尤其是金秋时节,是储备树叶的最佳季节,如图 5-29 所示。

图 5-29　五颜六色、千姿百态的叶子

(一) 树叶的采集与保存

(1) 树叶的采集,首先要考虑形状的多样性,如掌状的枫树叶、圆形的桦树叶、长条形的柳叶、针状的松树叶及扇形的银杏叶等,形态各异的叶子可以保证作品有丰富的资源。

(2) 其次要考虑树叶颜色的多样性。不同色彩的树叶可以让画面色彩层次更加丰富。

(3) 树叶的采集要系列化,即每种形状、颜色的树叶都可以形成从小到大逐个渐进的序列,或者是色彩的渐变,从而保证制作时有充分的选择余地。

(4) 同时也要收集一些花叶、花籽与梗等。

小贴士

采集树叶时携带一定数量的吸水纸或废报纸,纸张粗糙的旧书或杂志也可以。边采集边将树叶展平后摆放到吸水纸中,带回来以后用重物压紧,翻动几次,一周左右干透以后,分类夹放好就可以用了。

(二) 树叶的选用与粘贴

(1) 工具：普通白纸、镊子、胶水。

(2) 粘贴前先选择适合画面需要的树叶,用镊子轻轻地夹放到画稿上,经过精心的设计摆放,认为达到了画面要求时就可以在树叶的背面涂上胶水,放到预先设计好的位置上。在上面蒙上一层薄纸后渐渐地展平树叶,放到一边待胶水干透后一幅画就完成了。注意不要重压,否则树叶容易破裂。

（三）设计树叶画的方法

利用树叶可以制作各种风景、动物、器物等粘贴画。一个画面的好坏主要取决于树叶的形状与颜色的选择、搭配。总体来说设计方法有以下两种。

（1）先决定主题再选材。例如，孩子们喜爱的金鱼，在设计初稿时就要设想适合金鱼头、身体、尾巴等部位的树叶形状，然后寻找基本形状合适的叶子，如图 5-30 所示。

（2）根据自己收集到的树叶形状特点确定主题。如图 5-31 所示，银杏叶看起来像蝴蝶翅膀，可以将银杏叶加以适当剪裁，变成翻飞的蝴蝶。图 5-32 所示的树叶具有鱼的形态，通过竖向摆放，稍加点缀又成为老鼠的形象，如图 5-33 所示。

图 5-30　不同树叶制作的金鱼（北京十八里店乡中心幼儿园）

图 5-31　利用银杏叶制作的蝴蝶

图 5-32　树叶具有鱼的形状

图 5-33　树叶组合成老鼠

在具体制作的过程中还可以采用以下方法。

1. 一种树叶的多次利用

秋天的枫叶色彩丰富，直接堆放起来就是开屏的孔雀，如图 5-34 所示。

图 5-34　利用枫叶制作的孔雀

2．多种树叶的组合

根据画面内容的不同,有些物体需要不同形状的树叶去表现,有的还需要对树叶进行适当修剪,如图 5-35 所示。

图 5-35　儿童树叶画（北京十八里店乡中心幼儿园）

3．枯枝、枯叶的使用

枯枝、枯叶利用得当往往能营造特殊的氛围,配合绘画点缀形成别致的画面效果,如图 5-36 所示。

具体制作步骤如下。

（1）构思主题,勾画草稿。构思设计画面主题,用铅笔先画出草稿,布局应注意均衡、大小适中、画面合理。

（2）选择树叶,剪裁加工。选择与主题相应的树叶,需要时可以进行修剪加工。根据情况利用树叶。

（3）粘贴制作,完成作品,如图 5-37 所示。

图 5-36　利用枯枝、枯叶制作的风景画
（北京十八里店乡中心幼儿园）

图 5-37　修剪加工的树叶画——长颈鹿

（四）树叶拓印画

树叶除了可以直接拼贴成画，还可以染色后拓印，变成美丽的拓印画，如图 5-38 和图 5-39 所示。

图 5-38　树叶拓印图案一

图 5-39　树叶拓印图案二

（五）树叶画作品欣赏

树叶画作品欣赏如图 5-40 和图 5-41 所示。

三、石头造型

自然界的石头大小不一、形状各异，本书所讲的石头造型以鹅卵石画为代表。由于鹅卵石画的创作多是以造型为主，充分利用鹅卵石所具有的天然外形、表面纹理和突起进行构思创作，所以寻找合适的鹅卵石是创作中的首选任务。

图 5-40　树叶拼贴画——动物（图片来源：堆糖网）

图 5-41　树叶装饰画（图片来源：堆糖网）

（一）收集石头

（1）选石。每块石头都有其特定的外形，给人以无限的想象。选择不同色彩和形状的鹅卵石是完成鹅卵石画的第一个步骤，如图 5-42 所示。

（2）清洗。将鹅卵石放在清水中浸泡、洗刷。先用碱性洗涤液对它们进行清洗，再用清水洗净鹅卵石表面残留的碱性洗涤液。

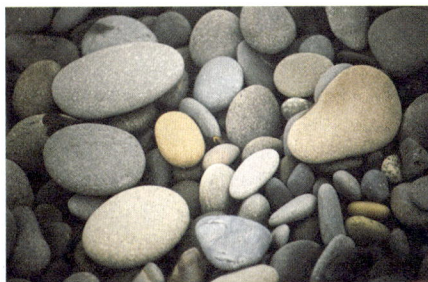

图 5-42　不同色彩和形状的鹅卵石

（3）晾干。将清洗好的鹅卵石摆放在通风的地方自然风干。

（4）分类。可以按形状、大小、颜色分成不同的类别，方便创作时进行筛选。

（二）制作石头画的步骤

制作石头画的工具材料包括石头、铅笔、水粉颜料或丙烯颜料、毛笔或水粉笔、勾勒笔、亮光油。

（1）构图。凡能在纸上画的，在鹅卵石上也都能表现。卵石造型各异，设计时要随石料的变化合理、巧妙地安排画面。先仔细观察鹅卵石的形状、色泽，设计画面。

（2）起稿。在完成设想之后就要用铅笔进行勾勒了。

（3）涂色。鹅卵石画所用的颜料比较广泛，最常用的是水粉颜料或丙烯颜料。如果有底色，可以先涂上底色，等干透后再用铅笔起稿。

小贴士

一般浅色系的颜料（如黄色、浅绿、粉红等）覆盖力差，干了之后要多刷几遍，如果希望迅速见效，也可以先刷一层白色打底，等到颜色干透后再上别的颜色。上色要尽量往一个方向刷，特别是大面积的区域，用大笔刷蘸足颜料一次性刷过去，尽量减少回刷。

（4）刻画细节。

（5）勾勒。这是整个绘画上色之后所要做的工作，一般使用黑色。勾勒还可以对原布局进行小范围的修饰，使图案在卵石上成型效果更好。

（6）上光。颜料干透后，在上面覆盖透明保护层（清漆或者无色指甲油都可以）。

（7）晾干。最终成品如图 5-43 所示。

图 5-43　石头画猫头鹰 张雪

（三）创作石头画的方法

1．利用外形

鹅卵石的外形有很多，如椭圆形、正圆形、扁圆形、方形、三角形、不规则形等，利用石头与某种物体外形的相似性创作石头画常常有巧夺天工的效果。图 5-44 为利用石头的凹凸变化制作的运动鞋。图 5-45 所示为利用石头外形制作的恐龙头部。

图 5-44　石头画运动鞋（图片来源：堆糖网）

图 5-45　石头画恐龙（张雪）

2．利用石头本身的色泽纹理进行创作

图 5-46 就是利用了黑色石头的颜色和纹理表现夜晚的星空。图 5-47 则是利用石头色泽纹理绘画的长颈鹿。

图 5-46　石头画星空（图片来源：堆糖网）

图 5-47　石头画长颈鹿（图片来源：堆糖网）

3．利用多个石头的不同形状进行创作

通过粘贴、捆绑等手段进行组合创作，可以得到更多的形态。图 5-48 为利用多块石头组合拼接的蚂蚁。图 5-49 为利用多块石头组合成的风景画。

图 5-48　石头组合作品

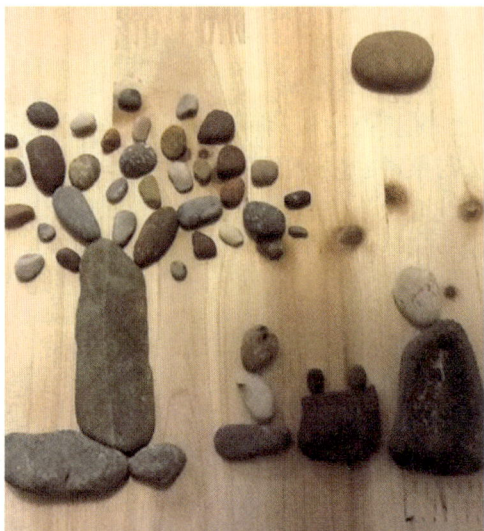

图 5-49　石头组合作品（图片来源：堆糖网）

4. 抽象的图案装饰

可以在石头上绘制纯粹的装饰图案，如图 5-50 和图 5-51 所示。注意色彩与图案的搭配。

图 5-50　图案装饰石头

图 5-51　图案装饰石头

5. 石头装饰画

巧妙利用石头的大小、方圆、长短辅助以美丽的色彩，可以拼贴制作出美丽的装饰作品，如图 5-52 所示。

图 5-52　石头装饰画（图片来源：堆糖网）

第二节　废旧材料的利用

一、废旧材料概述

废旧材料,顾名思义,就是不需要的、已经废弃或已经旧了的物品。生活中,这样的"垃圾"每天都会产生很多,在这些"垃圾"中有些是可以再次利用的,如饮料瓶、纸盒、报纸等。其实,每种废旧材料对幼儿来说,都具有意想不到的教育价值。

废旧材料的利用有助于促进幼儿想象力和创造力的发展,有助于幼儿解决问题能力的提高,有助于幼儿环保意识的增强。废旧材料已经被广泛地应用于幼儿教育活动的各个环节,无论从环境创设还是区角活动,或者是教学活动中,废旧材料都充当了重要的角色,发挥了特殊的作用。

（一）废旧材料的分类

生活中的废旧材料种类繁多,按照不同的归类方法有不同的分类。

（1）按废旧物品材质的不同可分为纸制品（如纸盒、纸箱、旧报纸、一次性纸杯）、木制品（如雪糕棒、木夹、一次性方便筷）、塑料制品（如汽水瓶、吸管、塑料纸杯、空药瓶）、金属制品（如铝的啤酒罐、铁皮罐头盒）等。

（2）按废旧物品的规格不同可分为供户外活动的大中型材料、供制作玩教具的中小型材料、供桌面游戏制作的微小型材料。

（3）按废旧物品的成型情况不同可分为原材料、半成品材料、成品材料、辅助材料等。

（二）废旧材料的收集

在收集材料时首先要考虑材料的安全性,只有安全性强的材料才能收集运用到幼儿

园的手工活动中。例如，在收集瓶子时，瓶子应是铝、铁皮材质且是易拉罐口，或者是塑料材质，不能是存在安全隐患的瓷质或是玻璃质地。然后需要对选出的无毒无害、安全的废旧物品进行消毒杀菌。废旧材料的收集通常可以采用以下两种方式。

1. 多渠道收集

充分利用教师、家庭和社区资源，寻找家中、身边的"可用之材"，设立"百宝箱"，多渠道收集各种废旧材料，为幼儿园教育教学提供丰富的资源。可以在教室里放置收集箱，并在上面贴上不同的标志，让废旧物品能够有序地分类放置。

2. 有针对性收集

根据手工主题活动，有针对性地收集制作材料。例如，制作《城市建筑》时，可以收集不同的盒子做出归类和收藏；制作《汽车总动员》时，收集各种纸盒和瓶盖；制作《种子畅想曲》时，收集植物果实，观察这些果实的颜色和形状。有针对性的收藏，可以大大提高手工活动的效率。

（三）利用废旧材料进行手工创作的方法与步骤

首先要选择安全、环保的废旧材料，根据材料的外形、结构、材质特点进行设计制作。无论什么材质的废旧物，从改造方式上大致可以分为以下三种方法，即原型利用、结构重建和综合利用。

1. 原型利用

原型利用是指在保持废旧材料原型的基础上简单加工。这种制作方式比较简单，利用简单的工具就可以完成，大班幼儿也可以参与制作。图 5-53 所示为利用纸盘、薯片筒和木棍制作的天平秤。

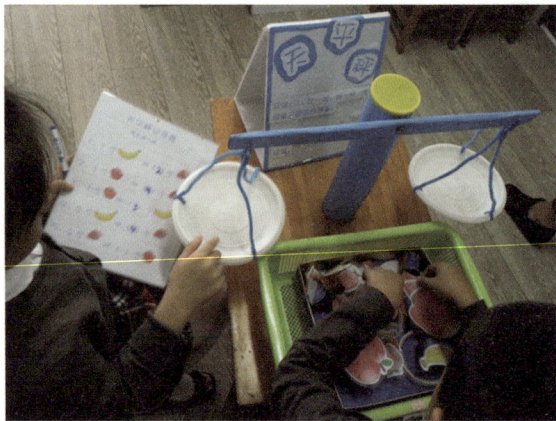

图 5-53　天平秤（北京爱绿艺术幼儿园）

2. 结构重建

结构重建是指在原材料的外形与材质的基础上，把原材料的结构进行切割、拆解，重构组成新的结构和造型。图 5-54 所示为将一次性纸杯剪开，和饮料瓶一起制作的台灯。图 5-55 所示为将纸杯进行分割组合，再用皱纹纸装饰的娃娃。

图 5-54　台灯（杨凯婷）

图 5-55　娃娃

3．综合利用

综合利用是指结合原形改造和结构重建的方法,利用多种材料进行制作。综合利用废旧材料需要灵活运用各种制作原理,利用废旧材料的结构和特性,合理使用工具,制作出具有创意的手工作品。图 5-56 就是用瓦楞纸制作房子,方便筷制作围栏,结合黏土和树枝制作的小院。

图 5-56　综合制作小院（张雪）

二、纸制品造型

生活中常见的纸制品有纸盒、纸箱、旧报纸、卷纸芯筒、一次性纸杯纸盘等。纸制品

容易加工改造，具有易造型、易上色、使用安全等优点，是废旧材料改造中最常用的一类。

1. 纸盒纸袋

用纸盒纸袋制作的作品如图 5-57 至图 5-60 所示。

图 5-57　纸盒数字玩教具（王泽艮）

图 5-58　纸袋动物（王晶）

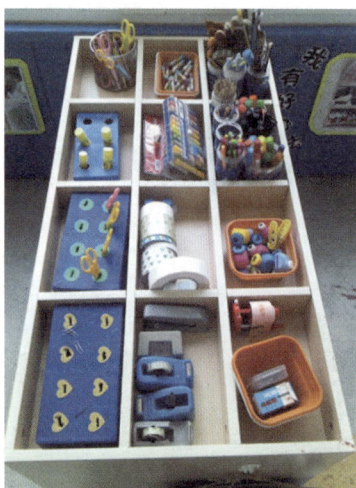

图 5-59　纸巾盒制作的收纳盒

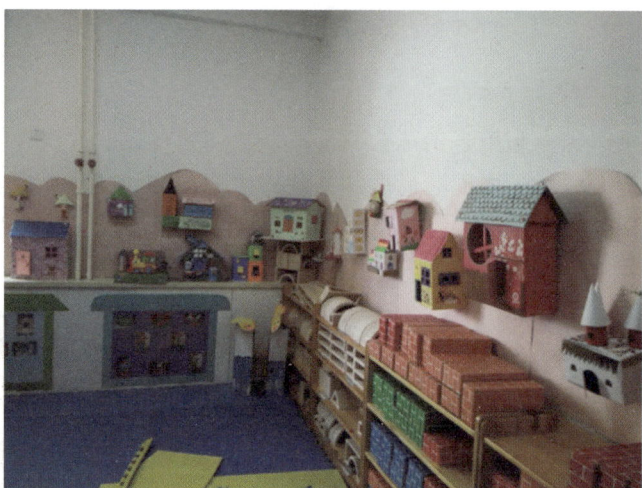

图 5-60　纸盒房屋建构区环境布置

2. 纸杯纸盘

用纸杯纸盘制作的作品如图 5-61 至图 5-67 所示。

图 5-61　纸杯动物（赵迎迎、张春雨）

图 5-62　纸杯分割后制作的餐桌椅（赵丽华）

图 5-63　纸杯纸盘旋转木马（田黎明）

图 5-64　纸杯动物（王晶）

图 5-65　纸盘鱼（张雪）

图 5-66　纸盘装饰画

图 5-67 纸盒故事盒

3．纸箱纸板

用纸箱纸板制作的作品如图 5-68 至图 5-71 所示。

图 5-68 用纸箱、胶管制作的加油箱（北京惠新里幼儿园）

图 5-69 纸箱铁道博物馆

4．废旧报纸等

废旧报纸也是常用的一类材料，下面介绍一种利用废旧报纸、气球、纸巾、乳胶，再结合彩绘造型的方法。方法步骤如图 5-72 至图 5-75 所示。

图 5-70　用纸板制作的舞台背景和可以升降的布景道具（北京培华实验幼儿园）

图 5-71　纸板树（北京爱绿艺术幼儿园）

图 5-72　第一步制作模型

图 5-73　第二步包裹模型

图 5-74　第三步用纸巾包裹吸管制作的部件

图 5-75　第四步组合上色完成

图 5-76 至图 5-83 是用相同方法制作的作品。

图 5-76　气球小猪

图 5-77　气球小象（姚瞻）

图 5-78　气球小熊

图 5-79　气球和纸巾卷制作的美羊羊

图 5-80　利用报纸和纸巾制作的食物（张春燕）

图 5-81　利用报纸制作的玩偶

图 5-82　报纸装饰画（北京十八里店乡中心幼儿园）

图 5-83　利用各种纸制品制作的走廊装饰（局部）（北京培华实验幼儿园）

三、塑料制品造型

　　塑料制品中最常见的是塑料瓶，对塑料瓶最常用的加工方法有两种：一是直接进行瓶体装饰；二是分割重构成为别的物件。塑料瓶在切割或剪切的过程中边缘锋利，可以用打火机烘烤或者电熨斗熨烫的方法软化其边缘，防止被割伤。

　　图 5-84 至图 5-87 是用塑料制品制作的手工作品。

图 5-84　塑料瓶体彩绘（彭贝霞、宋亚雪、李云云）

　　此外，塑料瓶盖也是非常好的手工素材，只需简单加工就可以做出有趣的造型。图 5-88 是制作一只小蜘蛛的方法步骤，制作小蜘蛛需要瓶盖、毛根、剪刀等工具和材料。如图 5-89 至图 5-92 所示，将毛根剪成等长的八段作蜘蛛腿，再将毛根折成 W 形，在瓶盖里面贴上双面胶，将毛根固定在上面，最后在瓶盖上粘贴眼睛。

图 5-85　瓶体泥塑装饰

图 5-86　酸奶杯制作的风筝

图 5-87　塑料瓶分割组合的猫头鹰

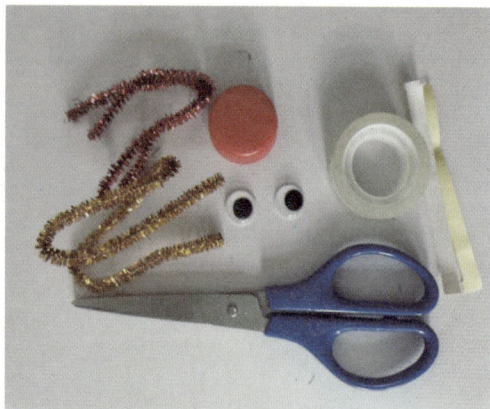

图 5-88　制作小蜘蛛所需材料

图 5-89　将八段毛根折成 W 形

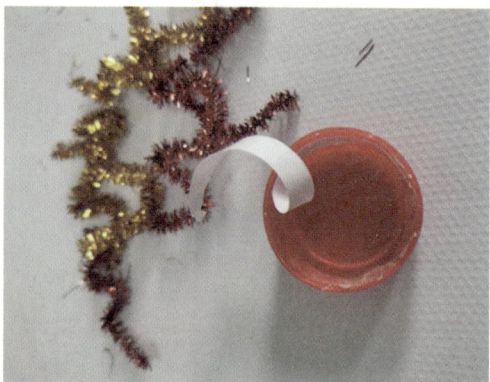

图 5-90　在瓶盖里面贴上双面胶

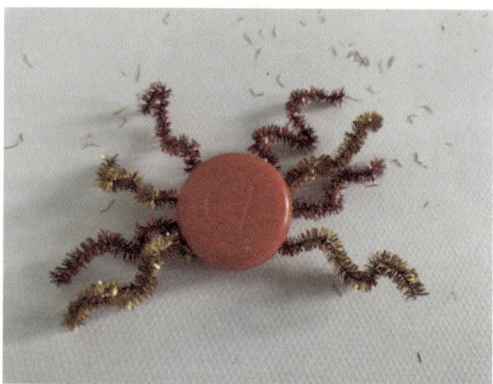

图 5-91　将毛根固定在瓶盖上

接下来还可以进一步拓展,比如将这只瓶盖蜘蛛放到刮画上,一张炫酷的《城市蜘蛛侠》就完成了,如图 5-93 所示。

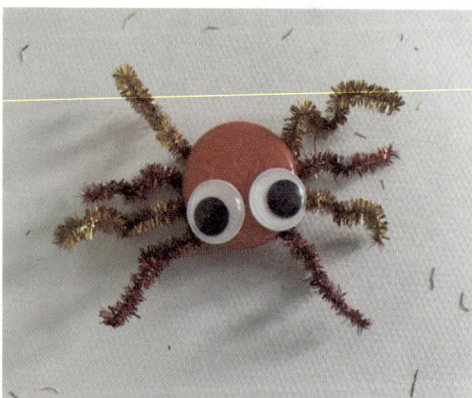

图 5-92　瓶盖蜘蛛

图 5-93　《城市蜘蛛侠》

四、金属制品造型

金属制品造型中常见的是光盘、铁丝、易拉罐等的利用。由于金属制品坚硬,不易加工,所以常常要借助手工钳、金属剪等工具完成。

图 5-94 至图 5-102 所示为用金属制品制作的手工作品。

图 5-94　利用光盘制作的鱼

图 5-95　利用光盘和铁丝制作的自行车

图 5-96　利用光盘制作的风铃

图 5-97　利用光盘制作的漏斗装饰画

图 5-98　利用易拉罐制作的餐桌椅

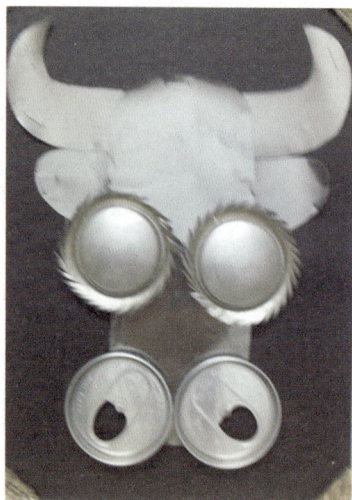

图 5-99　利用易拉罐制作的牛头

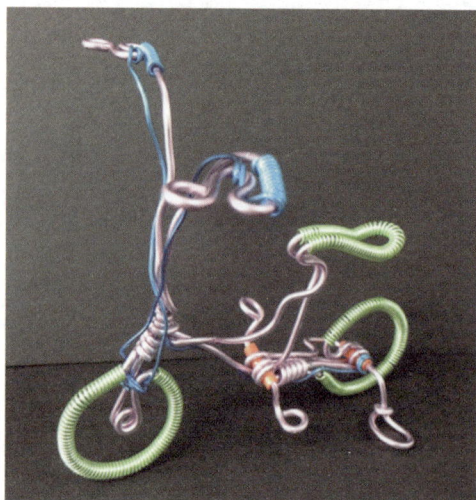

图 5-100　利用铝丝制作的自行车（王晶）

图 5-101　用铁丝制作的鸟巢（李泓承）

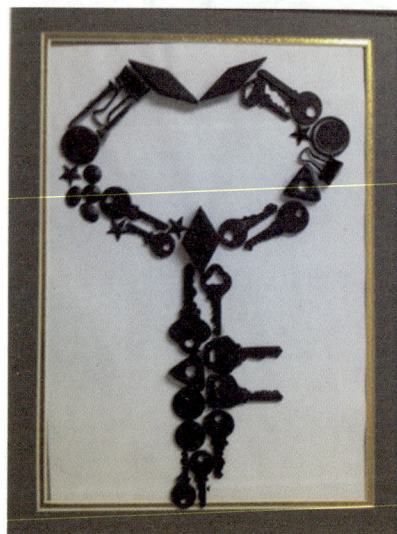

图 5-102　利用钥匙、钢夹等制作的钥匙装饰画

五、综合材料造型

在利用废旧材料进行手工制作的过程中，很多时候都是多种材料综合利用，这就需要熟悉各种材料的性能特点，再根据所设计的物品巧妙组合。图 5-103 至图 5-107 所示的作品是综合利用废旧材料造型的例子。

图 5-103　综合利用纸板、纸杯、罐子等搭建的小别墅（刘琪）

图 5-104　小别墅局部（刘琪）

图 5-105　综合材料走廊装饰（北京培华实验幼儿园）

图 5-106　综合材料面具（北京十八里店乡幼儿园）

图 5-107 综合材料环境布置

综合利用废旧材料还可以制作出一些有趣的玩教具。用热熔胶把带活塞的矿泉水瓶盖粘到光盘上，先关闭瓶塞，吹胀一个气球套到瓶塞上，再打开活塞，光盘就可以在气球放气的过程中转动起来了，如图 5-108 所示。

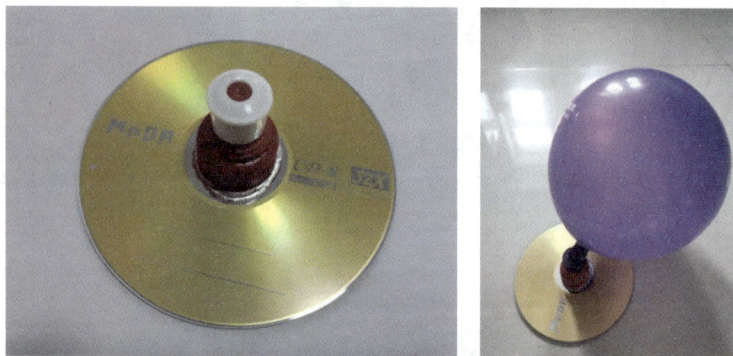

图 5-108 光盘、矿泉水瓶盖和气球做成的玩具

总之，环保物品的手工创作可以从以下两个角度考虑。

（1）根据物品自身的特征（形状、颜色、纹理等）引发想象。如图 5-109 和图 5-110 所示，鸡蛋包装托的凹凸起伏和鱼儿、鳄鱼的表皮纹理有相似之处，可以利用此特性制作类似物品。

（2）根据所要创作的手工作品特征寻找合适的材料，如绵羊身上一卷一卷的毛是其主要特征，与花椰菜有很大的相似之处，爆米花和棉花签也有类似效果，如图 5-111 所示。

图 5-109　利用鸡蛋托制作的鱼

图 5-110　利用鸡蛋托制作的鳄鱼

图 5-111　棉花签绵羊、花椰菜绵羊和爆米花绵羊

第三节　废旧材料教学

在幼儿园的手工活动中,当幼儿会主动收集身边的环保材料时,教师应进一步引导他们认真观察和体验材料的形状、质地、色彩等,充分发挥他们的想象力和创造能力。幼儿的创作灵感往往是从观察和体验材料开始的。

体验性学习会使幼儿对认知活动产生兴趣,可以引导幼儿自主地参与到学习活动中来。可从两方面加以指导:一是视觉层面,即认识材料的视觉效果,如材料的形状、色彩、花纹等;二是触觉层面,即认识材料的触觉效果,如材料的轻重、质感等。

幼儿对于这两方面的体验相当重要。通过视觉、触觉等知觉体验,可激发幼儿的创造灵感。当幼儿有了创作灵感,便需要教师进一步引导,发挥幼儿的想象力。具体可以尝试以下方法。

1. 多角度感受

例如,《奇妙的树叶》活动开始时,让幼儿大胆随意地拼贴、撕剪不同树叶,然后引导幼儿进行多角度观察,仔细看一看,想一想,它像什么。当幼儿发现了灵感,再启发他们根据形状进行多种联想,比一比谁的想法多,激发他们的想象和求异思维能力,最后还可以进行添画活动。

2. 组合想象

在具体利用废旧材料进行创作时,一种材料有时很难想象,但把它们组合在一起时,或许会发现很多。例如,在《纸盒城市》活动中,可以把各种纸盒拼接组合成不同的建筑形态,还可以用彩色纸进行装饰。

一件好的手工作品需要经过作者一系列的创作活动,包括观察、发现、构思与创作。对材料有了视觉上的感受,激发了创造的灵感,最后的加工也是"画龙点睛"之笔。应多问孩子们像什么、还可以添些什么。在这样的学习活动中,让幼儿在玩中学,充分体验创作材料,体验创造的无限乐趣,幼儿的想象能力、审美能力和动手创造能力才能得到进一步发挥。

教学建议

在幼儿园的手工教学活动中,环保材料主要分为自然材料和废旧物品两大类。这些材料大多易见易得,若使用得当将是做手工非常好的原材料,同时还可以增进幼儿热爱生活、爱护环境的情感。

生活是艺术的源泉,艺术来源于生活,幼儿通过对生活中各种形态、具有可塑性的环保材料进行收集、加工、改造,制作出各种各样的玩具,并将其运用于游戏活动。这对幼儿来说是一个实践操作和游戏活动的过程,这一过程的本身就需要丰富的想象力和创造力,它对于发展幼儿想象力、创造性的培养有重要的意义。教学中首先要指导幼儿做好材料的收集和整理,按一定的归类原则分门别类;其次带领幼儿通过看一看、闻一闻、摸一摸,熟悉原材料的外形、结构、材质等特点,体验加工材料;最后带动幼儿进行手工制作。

在进行教学活动内容设计时,可以从以下两个方面考虑。

(1) 从不同的材料入手分类设计制作内容。如纸盒类材料具有长的、方的、圆的、三角的等不同造型,非常适合制作建构类手工,可以指导幼儿搭建城市建筑、家具、交通工具等。

（2）在幼儿熟悉材料的基础上,从制作的主题入手,让幼儿寻找合适的材料表达,如《快乐的动物园》,教师引导幼儿找到不同动物的基本特征,再让幼儿自主选用材料。

活动前,教师可以把自己制作的作品摆放在"展示台"上让幼儿观赏。当孩子们询问是怎么做的时候,不要急于告诉他们,而是请他们先观察一下,然后提问:"这些作品用了什么材料,可能用了哪些方法,制作的步骤是什么?"等。

时间长了,孩子们就可以在掌握不同手工制作方法的同时学会自己思考。此方式需要幼儿具有一定的环保材料手工制作的基础和经验,适合在中班、大班进行。

设计让幼儿在玩中学的教学活动,使其充分体验创作材料,体验创造的无限乐趣,让幼儿的想象能力、审美能力和动手创造能力得到充分的发挥。

本章小结

本章介绍了自然材料和废旧材料手工活动中较为常见的几类方法,但其种类和方法远不止于此。环保材料丰富易得,便于教师和家长在幼儿园和家庭教育中开展教学和游戏活动。在教学中要注意为幼儿提供适宜的环境,激发幼儿的创造兴趣;带领幼儿体验加工材料,培养其创造性思维;开展多种方式的操作活动,开启幼儿的创造能力。

讨论与练习

（1）请尝试论述环保材料自制玩教具的教育意义是什么。

（2）对于废旧材料的利用你有什么好的经验或案例?请在小组讨论时与大家一起分享。

（3）根据幼儿园需要,设计制作环保材料 2～3 个玩教具。

实践课堂

"垃圾分类"是幼儿园主题活动中较为常见的环保主题。在"垃圾分类"主题活动中,幼儿不仅能认识分类标志、分辨不同类别的垃圾,更能在活动中了解垃圾分类的意义,形成早期的环境保护意识。

（1）请设计一个系列"垃圾分类"的主题活动,可以包括垃圾的来源、垃圾的种类、垃圾处理、垃圾的回收利用等多个子主题。

（2）请尝试用环保材料制作活动中需要的玩教具,如分类垃圾桶、垃圾站、问题树等。

第六章

玩教具的制作

教学目标

(1) 了解自制玩教具的设计和制作原则。

(2) 提升动手能力、想象力和创造能力。

(3) 能够运用多种材料的综合制作方法,进行综合设计与造型。

学习导语

"教具"是教学时用来讲解说明某事某物的模型、实物、图表等的总称,主要用作教学的辅助。"玩具"是专门为儿童制作的、供儿童游戏之用的物品。幼儿园玩教具是对幼儿园活动中使用的玩具和教具的总称。

实际上,幼儿教育中的玩具和教具往往没有明显的区别,如传统玩具中的九连环、七巧板同时具有益智和娱乐的功能。

玩教具承载着成人对儿童的期望、教育意图、价值观和社会文化习俗等。自制玩教具是与商品类玩教具相对产生的概念,是指由个人完成的非商业化的玩教具。我国地域辽阔,经济发展差异较大,偏远地区的幼儿园只有动手动脑、因地制宜、就地取材为孩子制作玩教具,以满足幼儿的需要,弥补教育资源的不足。提倡节俭、环保、变废为宝,也是幼儿教育的优良传统。

第一节　幼儿园玩教具概述

幼儿园教师根据本园、本班幼儿开展游戏活动和教育教学工作的实际需要自制玩教具,一方面可以为幼儿创造更适宜的游戏和学习条件,促进幼儿的学习和发展;另一方面可以弥补经费的不足。自制玩教具是幼儿园教师和幼儿制作、非工业化生产、不用于商业流通的玩具和教具。一般由幼儿教师独立或与幼儿协作共同设计并制作完成。

由于不存在对销售利润的追求和工业化批量生产对结构、材质设计的限制,自制玩教具在设计、制作上有更大的自由度,更能配合教育活动,满足教育需求,具有适时性、针对性和创造性的特点。

　　自制玩教具能及时把握时代脉搏,体现教育理念,具有适时性;能充分体现设计者的意图和使用者的需求,具有针对性;能反映制作者的创意和制作水平,具有创造性。制作者利用身边的材料,因地制宜地制作具有地方特色、反映民俗风情的玩具,能节约资源、节约经费,弘扬民族文化。

一、自制玩教具的目的

　　(1) 补充玩教具。补充园内没有的玩教具。
　　(2) 完善玩教具。不够科学的、自己用起来不顺手的,都可以通过自制进行完善。
　　(3) 自制玩教具的最终目的是服务孩子、服务教学。

二、自制玩教具的意义

1. 便于幼儿开展游戏活动

　　自制玩教具与花费资金购买的商业化玩教具是不同的。《幼儿园玩教具配备目录》仍然是"提倡幼儿园参照本目录的内容,就地取材,利用各种无毒、安全、卫生的自然物和废旧材料自制玩教具"。应当看到,幼儿园玩具种类和数量不足仍然是一个普遍存在的问题,特别是乡镇等农村幼儿园。

2. 幼儿可持续发展教育的重要手段

　　"可持续发展"是人类在21世纪不得不面对的严峻挑战。1987年世界环境与发展委员会在《我们共同的未来》报告中第一次全面阐述了"可持续发展"的概念,即"既满足现代人的需求又不损害后代人满足需求的能力"。教育对于促进可持续发展的作用越来越受到国际社会的重视。

3. 能够帮助幼儿的学习与成长

　　玩教具为幼儿的学习提供了各种感知觉刺激和可操作的、具体形象的"概念框架",为幼儿动手、动脑、主动学习创造了有利条件。正如幼儿教育家陈鹤琴所指出的,"玩教具不是仅仅供儿童玩笑的、快乐的,实在含有科学游戏的性质"。玩教具的具体形象和可操作性的特点决定了玩教具作为幼儿学习的"课本"的年龄适宜性。

三、玩教具设计应遵循的原则

1. 安全、耐久性原则

　　(1) 自制玩教具所用的材料不应含有有毒物质,不应使用受过污染的材料。
　　(2) 自制玩教具所使用的材料和制成品不应有可能割伤或刺伤幼儿皮肤或眼睛的尖锐的角、锋利的边沿,或有可能夹住幼儿手指、头发或皮肤的裂缝。
　　(3) 自制玩教具如果采用电动或机械装置,要防止漏电,机械部分应牢固地安置于玩教具的腔体中,腔体在任何时候或位置都不会被打开而使机械部分掉出。

（4）自制玩教具采用的体积不能过小，零配件不易松脱，不能带有长线，以免幼儿因吞食而窒息，或因把玩教具塞入耳、鼻中和因长线缠住脖子、绊倒而造成意外伤害。

（5）填充类自制玩教具要注意采用质量较好的填充材料和不易破裂的表面材料，缝制要牢固，避免因表面破裂而造成填充物被幼儿误食。

（6）自制玩教具要考虑制成品的大小和重量等。玩教具的大小以适合幼儿把握为宜。过分细小和过重的玩教具都不适合幼儿。

（7）选用的材料应当有利于环境保护和可持续发展。

2. 实用、综合性原则

玩教具的设计要适合幼儿身心发展特点，不同年龄、不同发展水平的幼儿的需要不同，应为他们提供开展各种活动和游戏的玩教具。在幼儿丰富多彩的活动中，玩教具体现出明显的综合性，包括材料的综合性、功能的综合性，应该充分发挥玩教具一物多用的特点。这就要求教师在设计玩教具时，要把玩教具同教学活动和幼儿游戏活动联系在一起考虑，进行综合性的设计。

3. 经济、参与性原则

玩教具应符合经济性原则，更多地利用自然材料和废旧材料。玩教具制作应结实、经久耐玩，不易损坏，色彩不易脱落。幼儿园玩教具是幼儿学习和操作的主要工具。幼儿园自制玩教具活动应当重视玩教具制作过程中的幼儿参与，把玩教具的制作过程转变为在教师支持下幼儿主动探索学习的过程，让幼儿在"做中玩，玩中学"，锻炼幼儿的动手操作能力。

设计和制作玩教具的过程不仅可以为幼儿提供学习的机会，而且可以给幼儿带来快乐。

四、自制玩教具的方法

玩教具的制作是一个过程，它包括前期的设计、中期的制作、后期的使用。在制作玩教具的过程中，教师要学会观察幼儿，了解幼儿的需要，了解幼儿的兴趣、问题和困惑，在制作玩教具的过程中不断遇到问题、进行探索，想办法解决问题，最后获得成功。教师和孩子是一个互动的过程，在互动过程中和幼儿共同成长。

（一）玩教具设计与制作的基本步骤

1. 设计构思阶段

玩教具要构思新颖，有利于幼儿想象与创造。

2. 选择材料阶段

1）制作材料

从制作材料出发，多观察生活的各种事物，特别是废旧材料和具有地方特色的乡土材料，观察事物的外形像什么，怎么样很好地利用；观察事物的内部是否有空间，该如何利用；观察事物的某一面，包括横截面、各方切面，怎么样可以巧思构想，制作成玩具；

观察几个事物不同方向叠加后的形状、特性,是否有利用的空间。

2）制作内容

从制作内容出发,分析制作的内容,选定制作材料。在选用材料时要充分考虑材料的可能性。例如,在制作衣服时,不会考虑到用石头,而会选择羽毛、叶子、纸张等具有某一方面特性的材料。

通过材料的积累,为自制玩教具提供更多的可能。教师可以在平时的生活中保持一颗敏感的心,收集各种自制玩教具可能用到的材料,进行消毒处理后归纳放置好。

3）收集素材

借助社会、家庭的力量收集素材。幼儿园的自制玩教具活动可以成为家长参与幼儿的学习过程、家园合作的重要途径,对于提高家长参与以及家园合作的深度和广度具有重要意义。

（二）制作实施阶段

运用工艺技术手段完成玩教具的制作,要根据材料特点合理运用制作方法。

（三）装饰美化阶段

通过涂绘、粘贴等手法对玩教具进行美化装饰,以增强美感。

第二节　区域活动中的玩教具制作

区域活动是幼儿园一日活动中重要的教育形式之一,是幼儿一种重要的自主活动形式。根据幼儿发展需求和主题教育目标创设立体化育人环境,即充分利用各类教育资源,有效运用集体、分组和个别相结合的活动形式,组织幼儿进行自主选择、合作交往、探索发现的学习、生活和游戏活动。

幼儿园常规区域包括建构区、美工区、表演区、角色游戏区（如娃娃家、理发店、超市、商店、医院、餐馆、交通岗、小记者、小警察）、阅读区、益智区、语言区、科学区、感官操作区、沙水区、运动区等。

创设良好的区域活动环境要根据各个区域进行有特色的布置。一般来说,各活动区都有一些基本的、相对稳定的材料。

语言区通常投放图书、头饰、手偶等资料,张贴一些有趣的图画和一些幼儿仿编的儿歌,同时也可放置一些空白纸、铅笔等习作物品。

美工区投放的东西除一些常规的幼儿练习用品外,如剪刀、橡皮泥、工作纸、彩色笔、油画棒等,还可以投放一些简单手工作品的示范图,在美工区最重要的是要设置一面幼儿作品的展示墙或一块展示台,可以让幼儿粘贴、摆放自己满意的作品。

在科学区通常提供一些与主题相关的操作材料和玩教具。

在音乐区、表演区投放一些简单或自制的乐器、头饰、自制服装等。

区域活动中投放的材料和玩教具需要根据不同班级、不同主题的具体情况做相应的调整。

一、角色游戏区的玩教具

角色游戏区是通过模仿各种社会活动,帮助幼儿学习各种社会性行为,发展交往能力,培养幼儿的主动性、独立性和创造性,促进幼儿社会性的发展。

角色游戏区需根据不同的主题投放与主题相关的自制玩教具,常为模型类玩教具。例如,小班孩子,根据其年龄特点主题常为"娃娃家"。一般选择颜色鲜艳、形象生动或者是生活化的材料。利用废旧的纸箱、各类瓶子等制作形象逼真的床、灶台、饮水机、冰箱、衣柜等家具及厨房用具,投放各种毛绒动物玩具及一些小服装。也可以在这一活动区帮助幼儿掌握基本的生活技能,比如通过投放纽扣、粘扣、子母扣、拉锁等,帮助幼儿掌握系扣子的能力;通过投放编辫子、系鞋带等玩教具,锻炼幼儿基本的生活技能,如图 6-1 和图 6-2 所示。

图 6-1　编辫子

图 6-2　系鞋带

中、大班幼儿活动能力增强,会接触更多的事物,随着他们生活经验的积累,关注的内容会更多,主题也更加丰富多样,常见创设主题有小餐厅、医院、银行、超市等。受知识经验与能力发展水平的影响,幼儿在游戏时会受到材料自身的一些暗示,因此提供必要的玩教具能促进游戏情节的丰富与发展。

合适的玩教具能帮助幼儿增强角色意识,更好地进行角色间的分工和互动,如医院的医疗器械及服饰（针筒、听诊器、药瓶、白大褂、帽子等）、理发店用具（如梳子、吹风机等）、小餐厅的设备和食材（煤气灶、收银台、餐桌椅、食材等）。

如图 6-3 至图 6-5 所示,为方便幼儿参与游戏,小餐厅中常常投放大量的模拟的蔬菜、水果、主食等食品。除成品模型外,自制材料常为不织布和轻黏土。

图 6-3　黏土制作的食材

图 6-4　不织布制作的食材

图 6-5　黏土、纸制作的食材

　　除成品玩具外,还可以投放半成品材料。幼儿可对半成品材料进行任意组合、加工和变形,自己变出多种玩法,这样幼儿就会在摆弄材料中积极思考、充分想象,创造性地开展游戏。如图 6-6 所示,教师在制作汉堡包模型时,通过对面饼、蔬菜、火腿的分开制作,可以让幼儿组合出各种口味的汉堡包。

图 6-6　汉堡制作半成品

　　如图 6-7 和图 6-8 所示,通过分解材料,增加了穿孔做包子、翻转做扭扭面的环节,增加了游戏的趣味性。

　　除教师投放的玩教具外,还可为幼儿常备基础手工材料,如纸箱、吸管、纸张等,鼓励中、大班的幼儿根据游戏的需要自制玩教具。

图6-7　包子半成品

图6-8　扭扭面半成品

二、表演区的玩教具

　　表演区是幼儿园中可融合音乐表演、舞蹈表演、故事表演、时装表演为一体的表演空间。教师可在区域中投放各种表演道具,如表演台、百宝箱、节奏图谱栏、头饰、打击乐器、手环、麦克风等。

　　(1) 小班幼儿在表演区游戏中可多提供一些小动物头饰、简单的道具和乐器。

　　(2) 中班幼儿随着年龄的增长,表演的欲望更加强烈,开始会随着表演的主题简单地加工和使用替代物。这时教师应为幼儿提供一些半成品的道具,使他们在力所能及的范围内完成简单的道具制作。

　　(3) 大班幼儿有着较丰富的想象力和创造力,以物代物的能力更强,对于替代物的逼真化要求更高。教师在材料的投放上应注意可操作性、可创造性,如提供可再加工的表演材料,如手环、头饰、皱纹纸等,便于幼儿在音乐表演、舞蹈表演、时装表演时进行自我装扮,既能激发表演情趣,又给予幼儿创新、想象装扮的空间,如图6-9所示。自制表演服装更能贴合主题表演的需要。

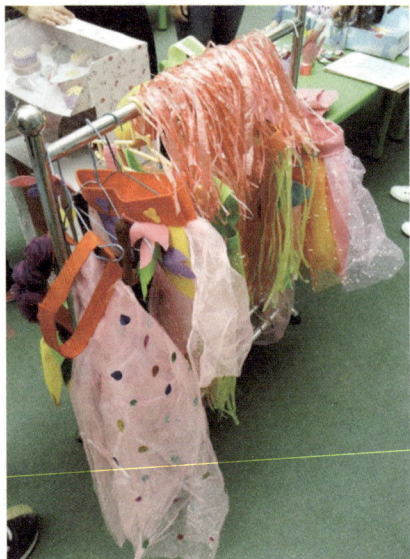

图6-9　自制表演服装

三、益智区的玩教具

　　益智区与其他区相比,更注重发展幼儿的思维能力。从材料的提供上不难看出,许多与数学教育有关。此区操作材料的投放与其他区相比应更注重材料的自检性,即充分发挥材料的矫正功能。益智区投放的玩教具种类很多,包括数概念材料、分类排序材料、感知等分材料、拼摆材料、棋类玩具等。

幼儿是通过直接接触、动手操作、充分感知、反复体验进行学习的。如图 6-10 至图 6-15 所示，在益智区教师投放一些色彩鲜艳、造型精巧的材料用具会吸引幼儿的目光，使幼儿对此区产生兴趣。

图 6-10 色彩连连看

图 6-11 数字连连看

图 6-12 弹力绳设计图形

图 6-13 数字甲虫

图 6-14 图形拼摆玩具

图 6-15 重量平衡玩具

四、阅读区的玩教具

阅读区与语言区是通过早期阅读活动促进幼儿的语言能力发展,培养幼儿对阅读书籍和文字符号的兴趣,建立良好的阅读习惯,并在阅读中获得基本的阅读技能和阅读策略等。阅读区除图书阅读以外,还包括悄悄话、讲笑话、绕口令、看图说话、人机对话讲故事以及语言棋、合作猜谜、自编图书、填字组词等游戏活动。

阅读区需根据游戏活动提供多种适宜的操作材料、阅读材料和录音机等。创设情境化的语言环境,结合主题投放适合的操作物品和角色道具、玩偶等,如图6-16和图6-17所示,通过多种玩教具激发幼儿的语言能力,使幼儿的语言技能在模仿角色的过程中自然得到锻炼。

图 6-16　自制玩偶

图 6-17　自制识字卡片

五、自然角的玩教具

自然角是幼儿接触大自然的一片小天地。通过观察、种植、喂养、采摘等体验活动,激发幼儿的好奇心和求知欲,培养幼儿对周围事物、自然现象的兴趣以及动手动脑、探究问题、观察事物等方面的能力。同时,萌发幼儿爱护动植物和亲近自然的情感。自然角根据季节的交替、天气的变化可设计不同的主题活动,如记录天气、观察花期、小蝌蚪的成长、蚂蚁的家、蚕宝宝的生长、冬眠的动物等。

应根据不同的主题投放相应的植物、动物、图书、展板作为观察、种植的材料,并设计观察记录、测量工具等可操作的玩教具。如图6-18所示,通过天气转盘的玩教具设计让观察记录天气变得更具趣味性;如图6-19所示,通过更换树冠表现四季变化中的树。

六、运动区的玩教具

幼儿园阶段的体育活动多以游戏为主,对于开发儿童智力、强壮儿童体格有着非常重要的意义。自制玩教具在幼儿体育活动中的应用十分广泛,对于促进幼儿身体的协调发展、增强幼儿体质有着非常好的效果。

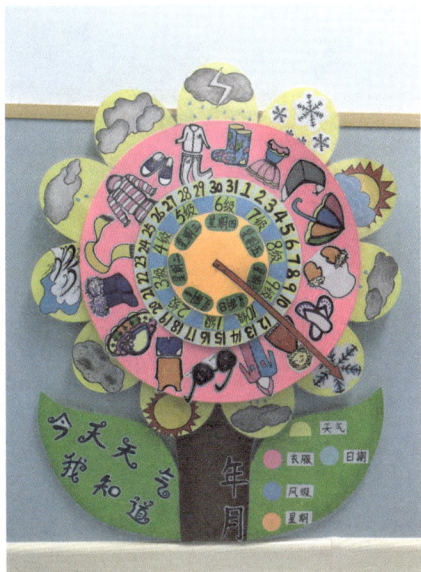

图 6-18　天气转盘

图 6-19　树的四季

　　自制玩教具的选择和游戏的方式要能够引起幼儿的兴趣。一方面要征求幼儿意见，了解他们平时玩乐的内容，另一方面制作多样化的玩教具让幼儿们进行选择，在这一过程中观察他们的兴趣，如图 6-20 至图 6-23 所示。

　　自制玩教具的过程要具有很强的操作性。例如，抛接器、滚铁环、丢沙包这类体育活动，幼儿动作的大小、用力的大小、角度的不同，都能够直接反映出动作的结果，得到及时的反馈，在练习以后可以体验成功的快感。

图 6-20　自制运动区玩具一

图 6-21　自制运动区玩具二

图 6-22 自制运动区玩具三

图 6-23 自制运动区玩具四

第三节 乡土材料玩教具制作

幼儿教育家陈鹤琴提倡"大自然,大社会都是活教材",生于乡土的五谷杂粮、野花野果、飞鸟虫鱼是孩子们天然的玩教具,是幼儿学习和游戏最有利的教育资源。

大自然会调动孩子们的好奇心和注意力,在尽情的玩乐嬉戏中,孩子们感受和体验着大自然的千变万化,既能凸显本土的地域特色,又可培养幼儿亲近自然的性情,给予儿童有灵性的生活,引领儿童智慧的成长,同时还具有节能环保的价值。

利用乡土材料在幼儿教育、游戏中的应用,需注意以下几点。

(1) 要突出地域性。材料的选择要因地制宜,搜集起来比较容易,如南方的竹子、北方的玉米秆、沿海的贝壳、卵石,均能体现出本地特色。

(2) 要反映季节性。根据季节变化选择材料,如在草编玩教具时,夏天可用草,秋天可用树叶,冬天可用干稻草和玉米秆等作材料。

(3) 要发挥玩教具一物多玩的功能。

一、乡土材料玩教具分类

利用乡土材料制作玩教具可归纳为以下几种形式。

1．计算游戏材料

利用木棒、草茎、豆粒、贝壳等作为材料帮助年龄小的孩子学习数数、比大小、大小排序、分类;帮助年龄大的孩子学习数的组成和加减法。

2．美工活动材料

利用材料的多样外形进行想象画创作练习,如粘贴画等。还可以通过一些辅助材料,与孩子一起想象、设计、制作出多种多样的工艺品和小玩具。

3．体育活动器具

用柳条、稻草编制飞环,用豆子做成沙袋,用树枝做成弹弓、弓箭等,供孩子进行各种体育活动。

4．游戏活动中的替代物

一些植物、石头或贝壳可作为"娃娃家"游戏中的饭、菜等，用树叶做盘、碗等。

二、乡土玩教具示例

1．案例一：《秸秆玩教具》

制作要点如下。

（1）浸泡：高粱秆用清水浸泡，利于瓤皮分离，且外皮韧性增大。

（2）剥皮：将高粱秆外皮剥开，外皮可根据需要分成细条。

（3）切：一边转动秸秆一边用小刀切，把瓤截成所需长短。

（4）削：削的操作如同削铅笔，削尖可以作为动物的嘴部。

（5）组合：用外皮穿插成型，技艺较高的方法有咬扣法，如民间鸟笼、蝈蝈笼的做法。

如图 6-24 所示，灵活利用秸秆结构柔软易切割、易穿插的特点进行造型设计。

图 6-24 秸秆玩教具（天水市清水县第二幼儿园 图片来源：天水市学前教育网）

秸秆玩具是深受幼儿，尤其是北方幼儿喜爱的地方性玩具。秸秆玩具在艺术风格上体现了线条美和粗犷美，制作起来非常有趣。不但需要概括的造型能力，还要有一定的结构编扎能力，是丰富儿童生活，启发、培养、锻炼儿童观察力和想象力以及美育的有趣手工劳动。秸秆包括高粱秆、麦秆、芦苇秆等，是农村幼儿园制作玩教具的有利资源。

拓展阅读

秸秆在民间工艺美术家的手中更能化腐朽为神奇，如图 6-25 所示，徐艳丰的秸秆扎刻作品以高粱秆为原料，接合处不用钉子、胶水，全部采用传统木工卯榫结构咬合在一起。

图 6-25 秸秆扎刻（河北永清徐艳丰 图片来源：新华网）

2．案例二：《豆子玩具》

制作要点如下。

（1）材料：各种豆粒、牙签或竹丝。

（2）豆子用水浸泡发胀，用牙签连接做出多种造型。

如图 6-26 所示，利用豆子的紧实可以穿插出不同的形态。同时，豆子的种类很多，利用豆子大小、颜色的差异可以制作出更为复杂的形象。

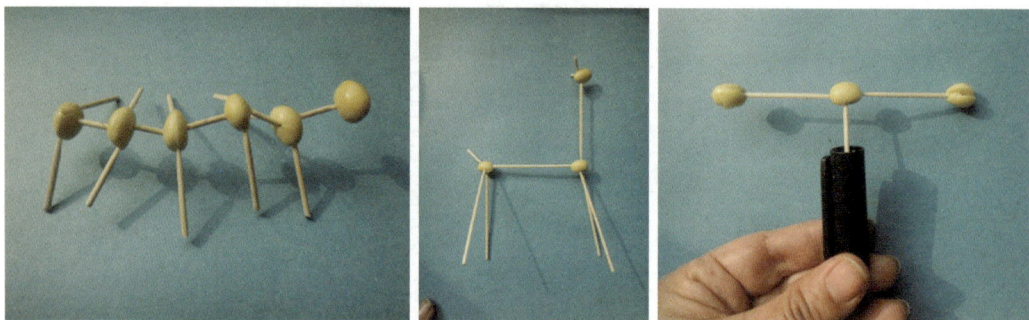

图 6-26　豆子玩教具

第四节　自制玩教具范例

一、毛巾兔子

利用手绢或毛巾制作玩偶是玩教具制作中极为常见的类型。毛巾兔子需要一块方形毛巾和一根皮筋，制作步骤如图 6-27 所示。注意卷曲时不要过紧，效果更好。

二、纸卷蛇

利用卫生纸纸芯制作的玩具也很多，利用其卷筒的形状可以制作小动物、瓶子、把手等。图 6-28 是利用卫生纸纸芯制作的小蛇。

三、沙锤

幼儿园表演区很多打击乐器可由教师或幼儿自制，如奶粉筒制作小鼓、水瓶打击乐器等，自制沙锤是其中简单易做的常见乐器。制作沙锤需要蛋形零食外壳一个、一次性勺子或叉子两把，大米或沙子一小把。将大米或沙子装入蛋形外壳内，用热熔胶将两个部分粘贴在一起。如图 6-29 所示，用热熔胶将勺子或叉子与蛋形外壳粘贴在一起，也可用胶带固定。用较为柔软的皱纹纸、宣纸等包裹，并用胶带固定。在纸上绘画花纹进行装饰，沙锤就制作完成了。

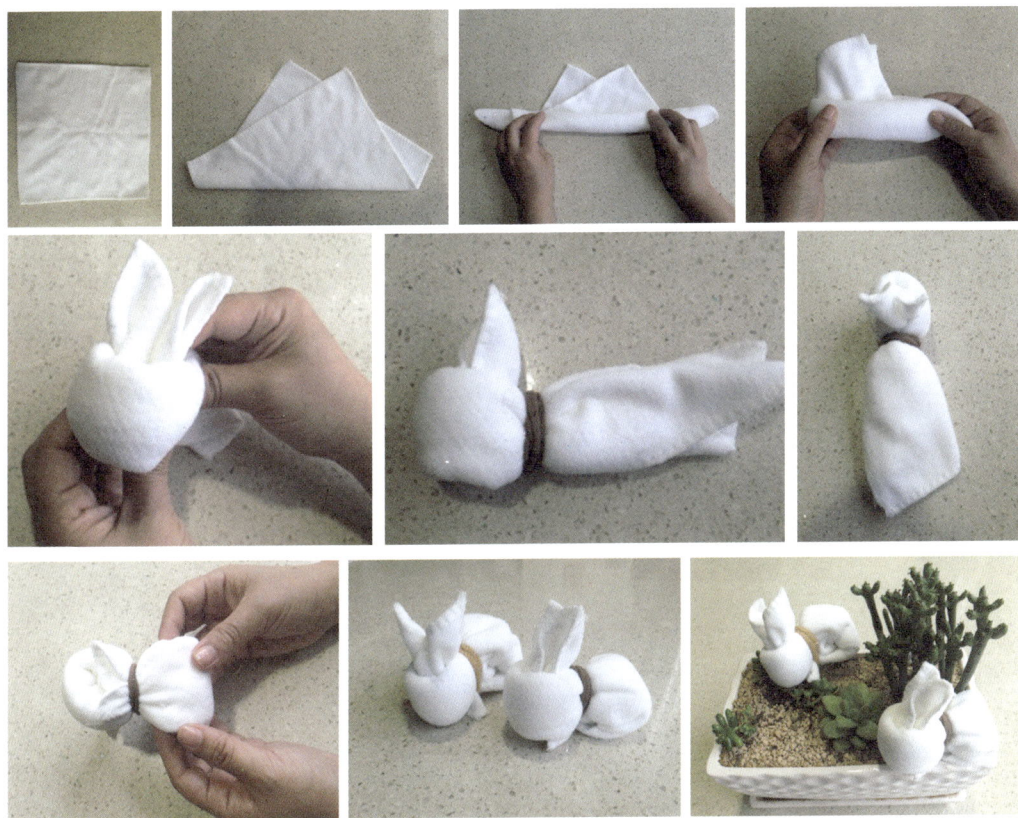

图 6-27　毛巾兔子制作步骤

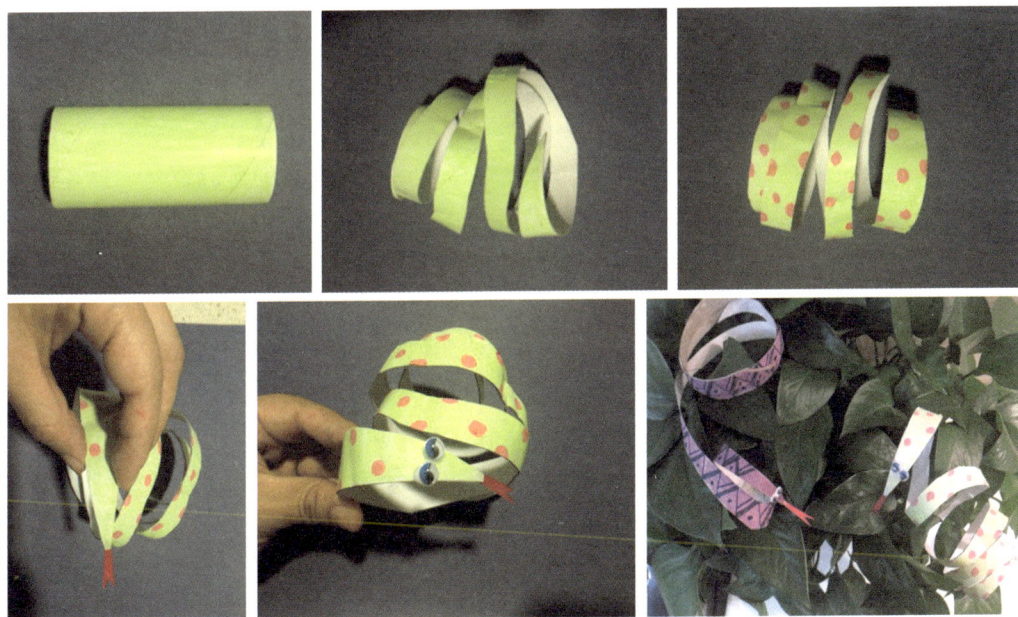

图 6-28　纸芯小蛇

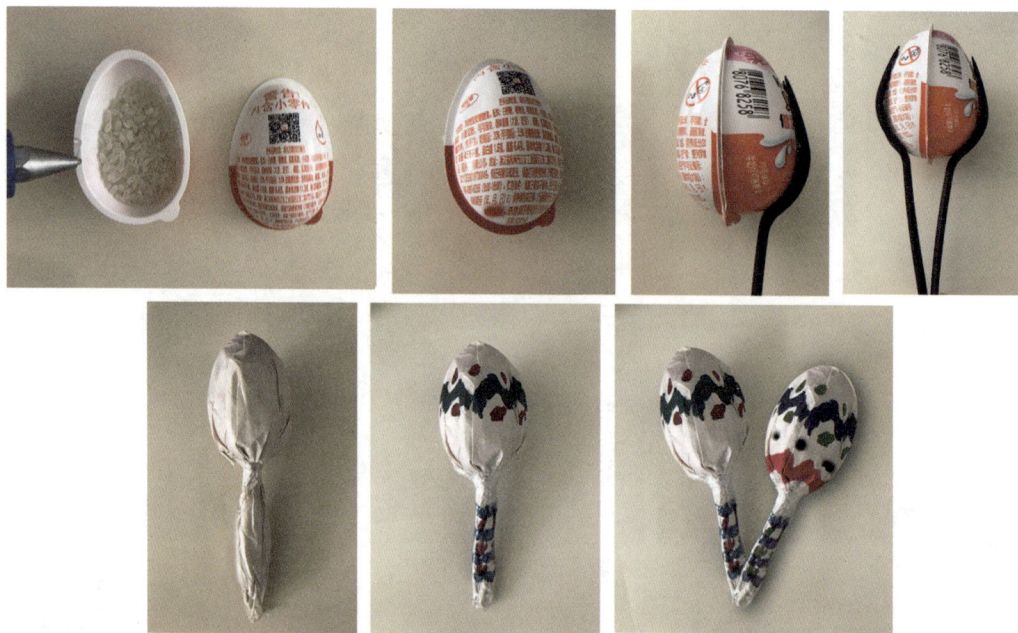

图 6-29　自制沙锤

教学建议

　　自制玩教具的种类很多，有装饰性的、欣赏性的、教育性的、科学性的等。自制的玩教具，虽然是利用身边的废旧物品自制而成，但它的教育性和趣味性却是商品玩具无法相比的。每一件自制玩教具都来源于教师的教学实践，幼儿通过制作它们锻炼了肢体能力，激发了探索兴趣，培养了合作意识。在变废为宝的过程中，帮助幼儿从小养成节约的意识和生活习惯，对以后的发展具有重要意义。

　　除了幼儿园教师自制的玩教具外，充分发挥家长和孩子的创造性制作玩教具也很重要。可以根据家长的特长邀请家长制作有关电学、力学、木工等方面的教具；也可以请家长设计制作幼儿服装、娃娃等布艺方面的玩具。自制玩教具活动可以成为家长参与幼儿的学习过程、家园合作的重要途径，对于提高家长参与和家园合作的深度和广度也具有重要意义。

　　幼儿自己参与自制玩教具的活动，对于幼儿的身心健康和全面发展都具有积极的意义。幼儿动手做玩具的过程是幼儿发现问题、解决问题的过程，可以激发他们探究的兴趣，培养其动手能力、想象力和创造性，丰富幼儿的手工制作的经验，感受成功的喜悦。幼儿自己做的玩具可能简单、粗陋，但是凝结着幼儿的智慧、情感和劳动。从这一过程中幼儿可以体会到亲手制作玩具的乐趣，使儿童沉浸在探索、发现和创造的愉悦中。

本章小结

本章从自制玩教具的意义、制作原则、区域玩教具投放方法等方面介绍了幼儿园的玩教具制作与投放。自制玩教具是幼儿园教师必备的基本能力之一。掌握自制玩教具的制作和投放方法，既可以辅助教学任务顺利完成、创新教学活动环节，也可以帮助教师进行多种形式的环境创设，丰富班级区角活动。

思考与练习

（1）自制玩教具对幼儿发展的意义是什么？

（2）区域活动中投放的材料和玩教具分为成品玩教具、半成品材料和基本材料。为什么要投放多层次的材料和玩具？它们各自的优、缺点是什么？

（3）为能引导幼儿分散进入不同的区域活动，常常设计进区卡。请通过小组合作的形式设计并制作包含 15 名幼儿的进区卡。

实践课堂

由于很多幼儿都有去影楼拍摄照片的经历，对影楼的环境和工作流程有一定的认知。所以，中班、大班的角色游戏区中常有"小影楼"的活动主题。

（1）请根据"小影楼"活动主题思考需要在区域中投放哪些材料和玩教具。

（2）请设计一个小影楼主题的系列活动。

参 考 文 献

[1] 潘鲁生. 剪纸 [M]. 北京：中国社会出版社，2009.

[2] 白庚胜. 中国民间泥塑技法 [M]. 北京：中国劳动社会保障出版社，2009.

[3] 曹宇. 古今剪纸与艺术创作 [M]. 北京：金盾出版社，2010.

[4] 钟海宏. 幼儿园手工——纸雕 [M]. 上海：华东师范大学出版社，2011.

[5] 李允贞. 第一次玩黏土 [M]. 吉林：吉林科学技术出版社，2011.

[6] 莫源秋. 幼儿教师实用教育教学技能 [M]. 北京：中国轻工业出版社，2012.

[7] 陈嫄嫄. 儿童泥塑教程 [M]. 湖南：湖南美术出版社，2013.

[8] 犀文图书. 编绳基础技法 [M]. 杭州：浙江科学技术出版社，2013.

[9] 钱为. 泥塑技艺 [M]. 上海：上海人民美术出版社，2013.

[10] 肖玲玲. 折纸中国结图解百科 [M]. 北京：中国华侨出版社，2013.

[11] 李季湄.《3—6 儿童学习与发展指南》解读 [M]. 北京：人民教育出版社，2013.

[12] 要红霞. 怎样学剪纸 [M]. 北京：金盾出版社，2014.

[13] 陈竟. 中国民俗剪纸技法 [M]. 南京：江苏美术出版社，2014.

[14] 小野玛丽. 我的第一本折纸书 [M]. 王晨曦，译. 河南：河南科学技术出版社，2014.

[15] 田中年子. 唯美雅致的手编绳结 [M]. 王靖宇，译. 河北：河北科学技术出版社，2014.

[16] 徐芳. 图解学布艺 [M]. 北京：化学工业出版社，2015.

[17] 赵宇. 幼儿泥塑活动指导 [M]. 辽宁：辽宁师范大学出版社，2016.

[18] 尚锦手工. 中国结技法大全 [M]. 北京. 中国纺织出版社，2018.

[19] 郭惠如. 小剪刀大智慧 3 ~ 6 岁幼儿剪纸教法初探 [M]. 北京：九州出版社，2018.

[20] 袁升科. 吉祥剪纸 [M]. 河南：河南美术出版社，2018.

[21]《中华文明史话》编委会. 剪纸史话 [M]. 北京：中国大百科全书出版社，2019.

推荐网站：

[1] 纸艺网 http://www.zhidiy.com/.

[2] 中国结艺网 http://www.zhongguojie.org/.

[3] 手工客 http://www.shougongke.com/.

[4] 堆糖网 http://www.duitang.com/.

[5] 中国幼儿教师网 http://www.yejs.com.cn.

[6] 北京学前教育网 http://www.bjchild.com.

[7] 幼儿园手工网 http://www.chinajiaoan.cn.

[8] 清华大学出版社网 http://www.tup.tsinghua.edu.cn.

[9] 妈咪爱婴网 http://www.baby611.com.

[10] 海博手工 http://www.haibore.com.